TEMPLATES
PARA DESIGN GRÁFICO E DESIGN DE EMBALAGENS

Obra originalmente publicada sob o título *The Packaging and Design Templates Sourcebook*

ISBN 978-2-940361-73-1

Copyright © Rotovision SA 2007

Diretor de arte: *Tony Seddon*

Design: *Studio Ink*

Diagramas: *Jane Waterhouse*

Tradução: *Mariana Belloli*

Revisão Técnica: *Denise Dantas* – Doutora em Arquitetura e Urbanismo; Professora de Design da FAU–USP e do Centro Universitário Senac

Capa: *Rogério Grilho*, arte sobre capa original

Leitura final: *Viviane Borba*

Editora Sênior – Bookman: *Arysinha Jacques Affonso*

Editora responsável por esta obra: *Elisa Viali*

Projeto e Editoração: *Techbooks*

T284 Templates para design gráfico e design de embalagens / Organizado por Luke Herriott ; tradução Mariana Belloli ; revisão técnica Denise Dantas. – Porto Alegre : Bookman, 2010.
304 p. : il. : col. ; 22 cm. + CD-ROM.

ISBN 978-85-7780-617-1

1. Design gráfico - Templates . 2. Design - Embalagens. I. Herriott, Luke. II. Título.

CDU 658.512.2

Catalogação na publicação Renata de Souza Borges – CRB 10/1922

Reservados todos os direitos de publicação, em língua portuguesa, à
ARTMED® EDITORA S.A.
(BOOKMAN® COMPANHIA EDITORA é uma divisão da ARTMED® EDITORA S. A.)
Av. Jerônimo de Ornelas, 670 – Santana
90040-340 – Porto Alegre – RS
Fone: (51) 3027-7000   Fax: (51) 3027-7070

É proibida a duplicação ou reprodução deste volume, no todo ou em parte, sob quaisquer formas ou por quaisquer meios (eletrônico, mecânico, gravação, fotocópia, distribuição na Web e outros), sem permissão expressa da Editora.

Unidade São Paulo
Av. Embaixador Macedo Soares, 10.735 – Pavilhão 5 – Cond. Espace Center
Vila Anastácio – 05095-035 – São Paulo – SP
Fone: (11) 3665-1100   ax: (11) 3667-1333

SAC 0800 703-3444

IMPRESSO EM CINGAPURA
PRINTED IN SINGAPORE

TEMPLATES
PARA DESIGN GRÁFICO E DESIGN DE EMBALAGENS

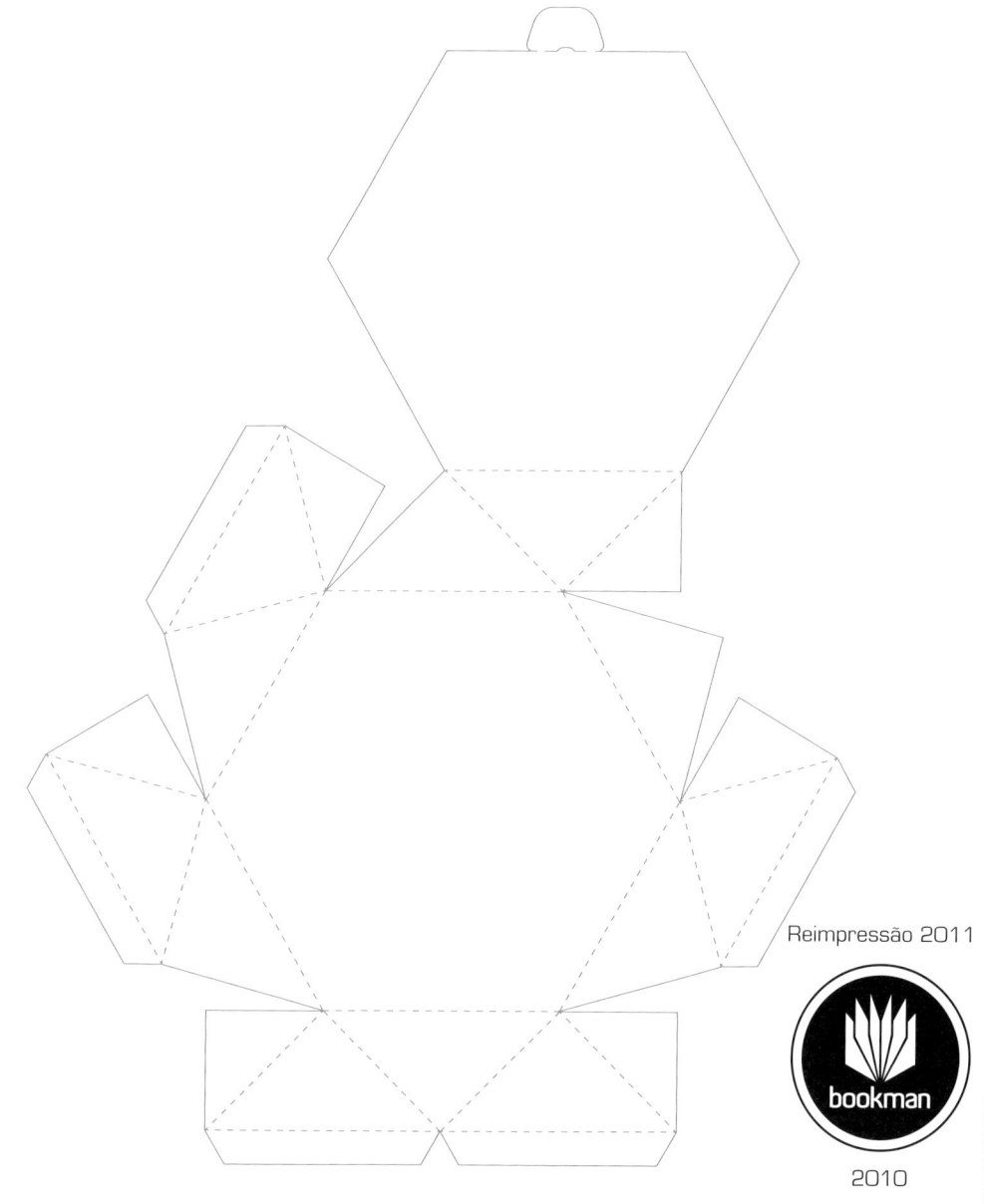

Reimpressão 2011

bookman

2010

SUMÁRIO → TEMPLATES PARA DESIGN GRÁFICO E DESIGN DE EMBALAGENS

SUMÁRIO

→ **INTRODUÇÃO** → 06

→ **01** LIVROS E REVISTAS → 08

→ **02** FOLDERS E CATÁLOGOS → 30

→ **03** CARTÕES COMEMORATIVOS E CONVITES → 66

→ **04** FOLHETOS E MALA-DIRETA → 136

→ **05** CDS E DVDS → 170

→ **06** EMBALAGENS DE PRODUTOS → 208

→ **07** PAPELARIA → 278

→ **08** ÍNDICE → 300

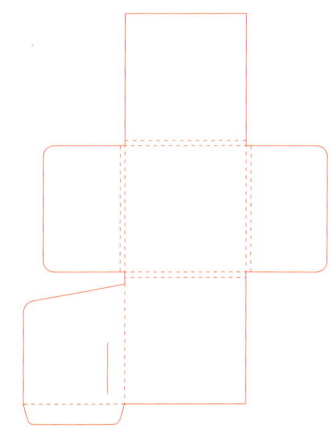
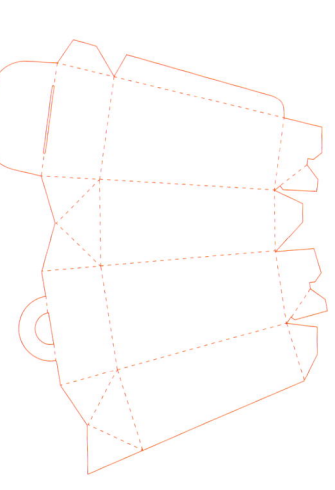

INTRODUÇÃO

O design gráfico geralmente é visto como uma atividade bidimensional. Entretanto, qualquer criação mais complexa do que um pôster ou um papel timbrado funciona em três dimensões.

A maioria dos trabalhos mostrados neste livro é tridimensional e envolve algum elemento de interação com o leitor. Muitos dos designers apresentados acreditam que designs interativos são mais marcantes – e a informação transmitida é absorvida com maior facilidade – do que trabalhos apenas visualizados em folhas planas.

Este livro é uma vitrine de ideias inovadoras, ousadas e também clássicas em design de embalagens e design gráfico, com engenhosos sistemas de dobraduras. Os novos conceitos abrangem diversas áreas do design, incluindo templates detalhados que mostram como copiar, dobrar, construir e completar os designs.

A obra examina o trabalho de designers e grupos de design internacionais de grande sucesso que produziram soluções criativas em design de embalagens e design gráfico com dobraduras para uma variedade de projetos instigantes, e mostra os modelos dessas soluções.

O texto também inclui vários formatos, cortes, formas e dobraduras experimentais criados em materiais diversos que vão entusiasmar os designers e inspirá-los a expandir suas esferas criativas.

As ideias em design de embalagens aqui expostas podem ser criadas sem que o designer precise recorrer a processos e materiais de manufatura e engenharia complexos. As ilustrações desconstroem e revelam a estrutura dos projetos apresentados, a fim de que possam ser copiados, adaptados e desenvolvidos para aplicação em novos designs.

Há muitas maneiras de fazer algo e diversas formas de interpretar um briefing. Estes templates vão funcionar como um veículo a ser adaptado e desenvolvido, levando as ideias gráficas por novos caminhos, em direções originais e alternativas.

LIVROS E REVISTAS

DESIGN	→	Iris Associates
PROJETO	→	Livro promocional
DESCRIÇÃO	→	As folhas divididas em três páginas são dobradas no tamanho de uma página e coladas umas às outras. A lombada do livro não é revestida, expondo as dobras alinhadas que, juntas, parecem uma sanfona. Duas peças de cartão branco são usadas como capa e contracapa.

DESIGN	→	KesselsKramer
PROJETO	→	Livro editado pelo autor
DESCRIÇÃO	→	*Missing Links* é um livro em miniatura com dobra em formato sanfona e capas em cartão que traz uma série de fotos polaroides tiradas por Eric Kessels ao longo de 10 anos.

DESIGN	→	Fabrica
PROJETO	→	Embalagem do livro *Mail-me*
DESCRIÇÃO	→	Dois livros embalados em uma bela caixa de papelão ondulado customizada.

DESIGN	→	Base Design
PROJETO	→	*Women'secret look book*
DESCRIÇÃO	→	Pasta com quatro abas que se abrem para mostrar seis folders independentes.

→ 017

DESIGN	→	Union Design
PROJETO	→	Embalagem de livro
DESCRIÇÃO	→	Este envelope em papel-cartão contém um círculo feito com corte especial que mostra um relance da primeira capa. Este é um jeito simples e elegante de dar a um livro ou revista maior interesse e valor percebido.

DESIGN	→	Cartlidge Levene
PROJETO	→	Livro comemorativo
DESCRIÇÃO	→	Este livro foi projetado em duas seções contidas apenas por uma capa em papel-cartão de 3 mm de espessura com abertura diagonal. Neste caso, o ângulo do corte acompanha o eixo dos painéis de vidro na fotografia de capa.

DESIGN	→	Paul Farrington
PROJETO	→	Livro do artista
DESCRIÇÃO	→	Este livro é composto de cinco folhas de papel A4 (210 mm x 297 mm) impressas nos dois lados e dobradas em tamanho A6 (105 mm x 148 mm). As folhas são encadernadas com uma faixa elástica branca, resultando em um livro com páginas "escondidas" entre as dobras.

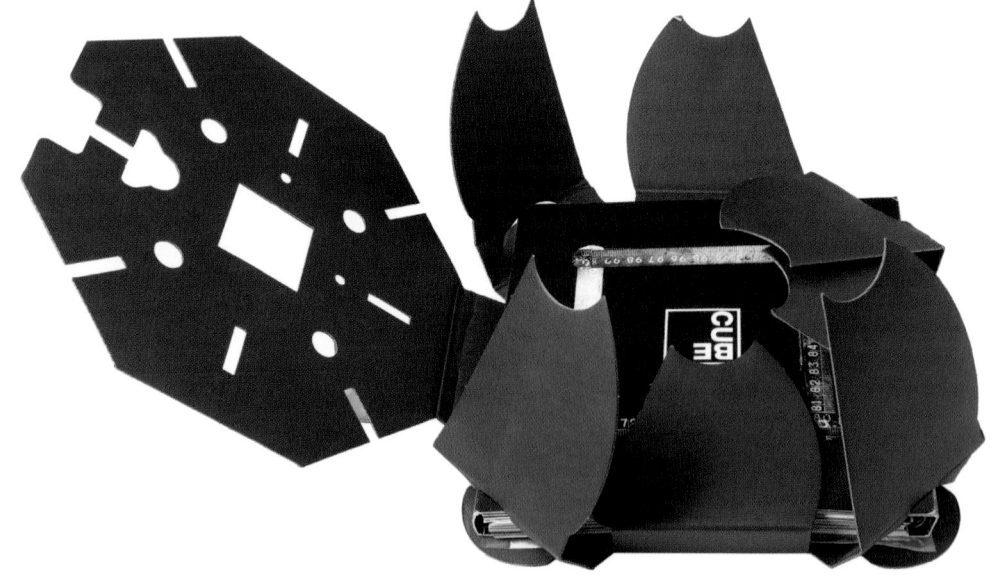

DESIGN	→	Giorgio De Mitri/Patrici Di Gioia
PROJETO	→	Revista *CUBE*
DESCRIÇÃO	→	Embalagem de revista multifacetada com corte e vinco. Esta embalagem em papel-cartão desenhada para uma revista de edição limitada mostra como podemos produzir algo absolutamente único quando ultrapassamos as convenções do design de embalagens.

DESIGN	→	Dave Eggers/Eli Horowitz
PROJETO	→	Revista *McSweeney's*
DESCRIÇÃO	→	Eis um bom exemplo de design de periódico. Para a edição número 16, eles queriam algo que se parecesse com um livro, mas que abrisse de um jeito inesperado. A ideia foi muito bem executada em um acabamento superior e elaborado.

DESIGN	→	FL@33
PROJETO	→	Coletânea de poesias
DESCRIÇÃO	→	Aqui, duas coletâneas diferentes de poesias foram impressas em folhas soltas e encaixadas em dois bolsos, criados com papel dobrado e colado para formar bolsos na base dos lados alternados (e opostos). Este conceito de capa complexo foi produzido com apenas uma peça de papel.

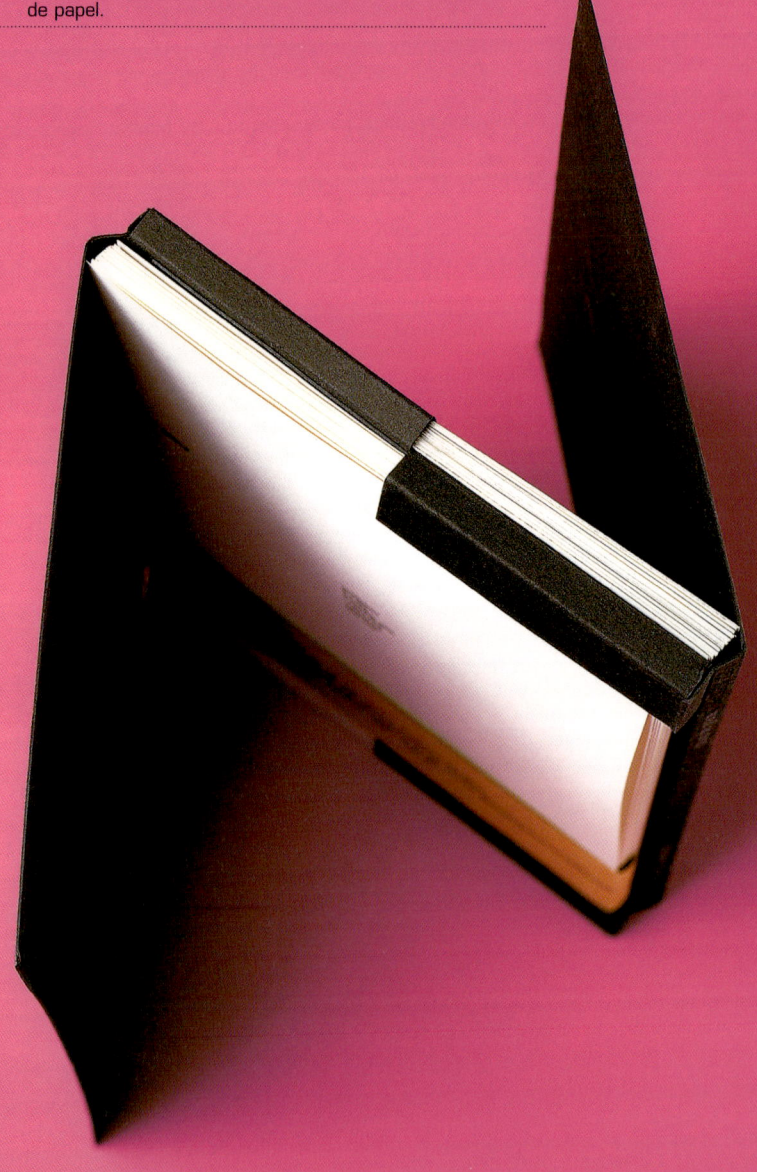

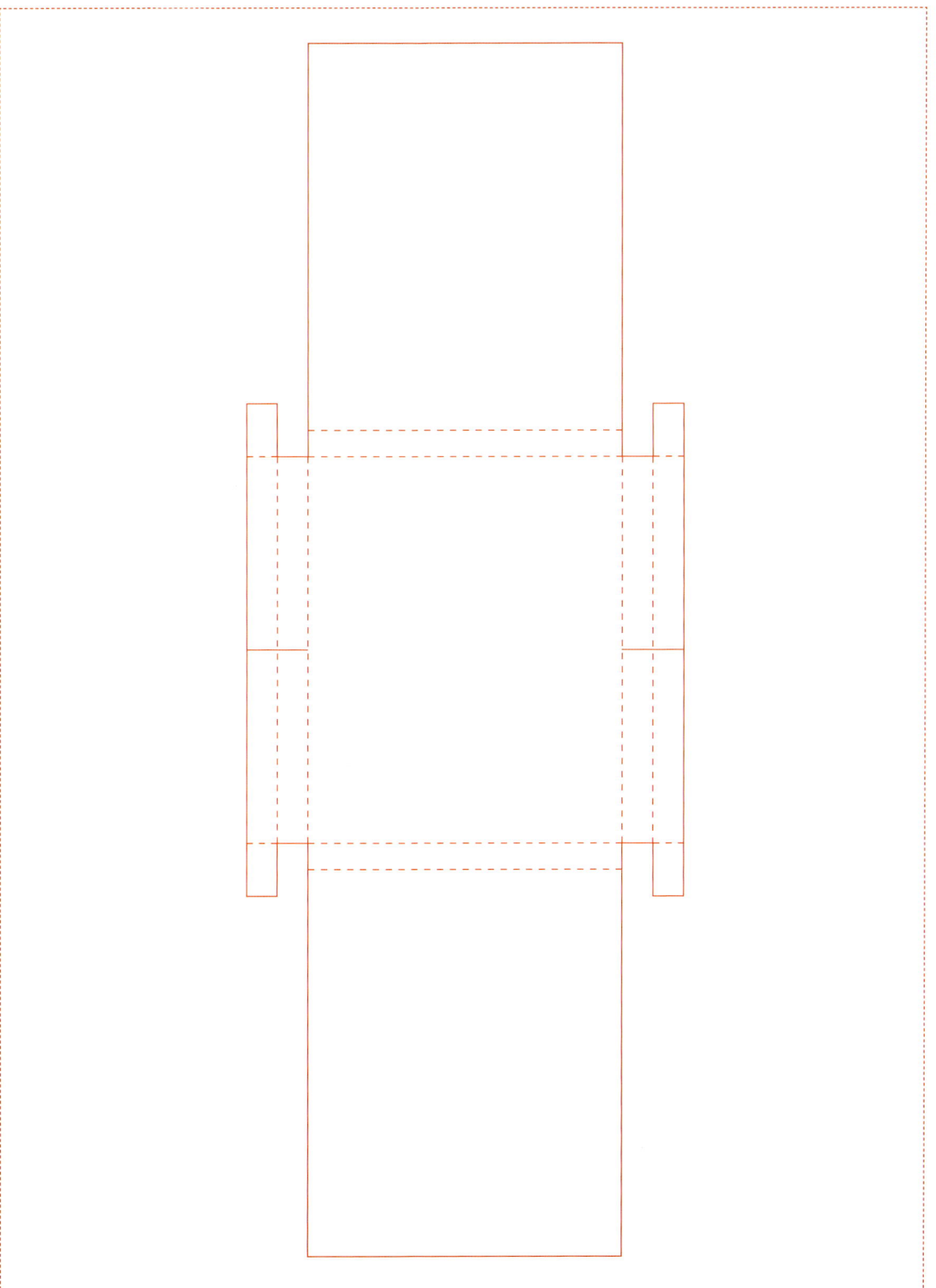

FOLDERS E CATÁLOGOS

032 → FOLDERS E CATÁLOGOS → TEMPLATES PARA DESIGN GRÁFICO E DESIGN DE EMBALAGENS

DESIGN	→	Joanne Stockham
PROJETO	→	Catálogo de exposição para crianças
DESCRIÇÃO	→	Para despertar o interesse e ganhar a compreensão das crianças visitantes de uma exposição de arte conceitual, a artista Joanne Stockham criou este cubo mágico em papel-cartão que as orienta dentro da galeria e as estimula a examinar e fazer perguntas sobre as diversas peças de arte.

DESIGN	→	Made Thought
PROJETO	→	Catálogo de Bill Brandt
DESCRIÇÃO	→	Este catálogo com lombada canoa incorpora uma capa alongada que envolve a si mesma para formar oito painéis internos em que são mostradas pequenas reproduções das imagens de Brandt.

→ 035

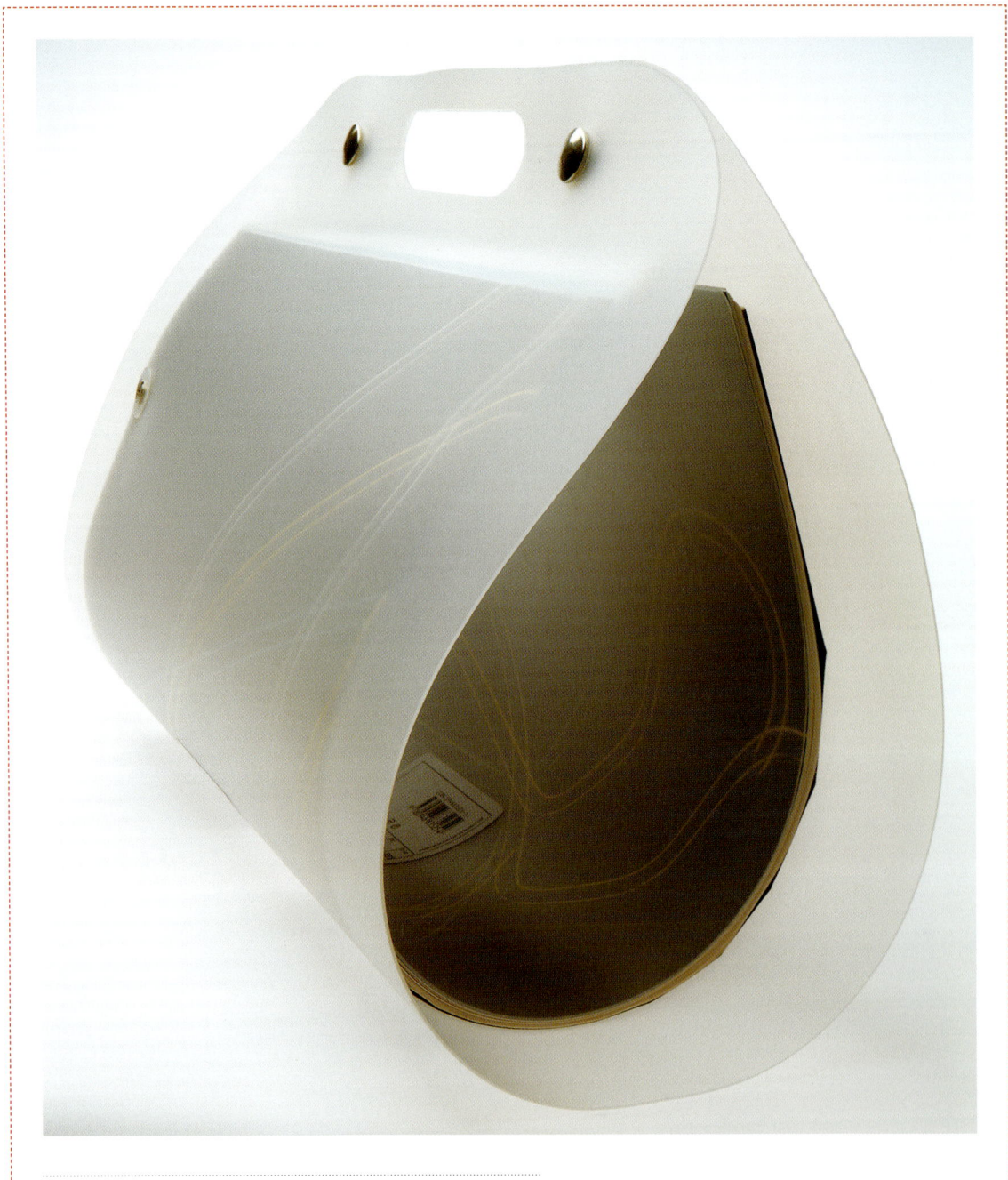

DESIGN	→	Area
PROJETO	→	Catálogo de exposição em grande formato
DESCRIÇÃO	→	Este catálogo contém uma capa de polipropileno que permite que ele seja dobrado ao meio e preso com tarrachas de pressão para formar uma "bolsa de mão", tornando-o um objeto prático de carregar.

→ 037

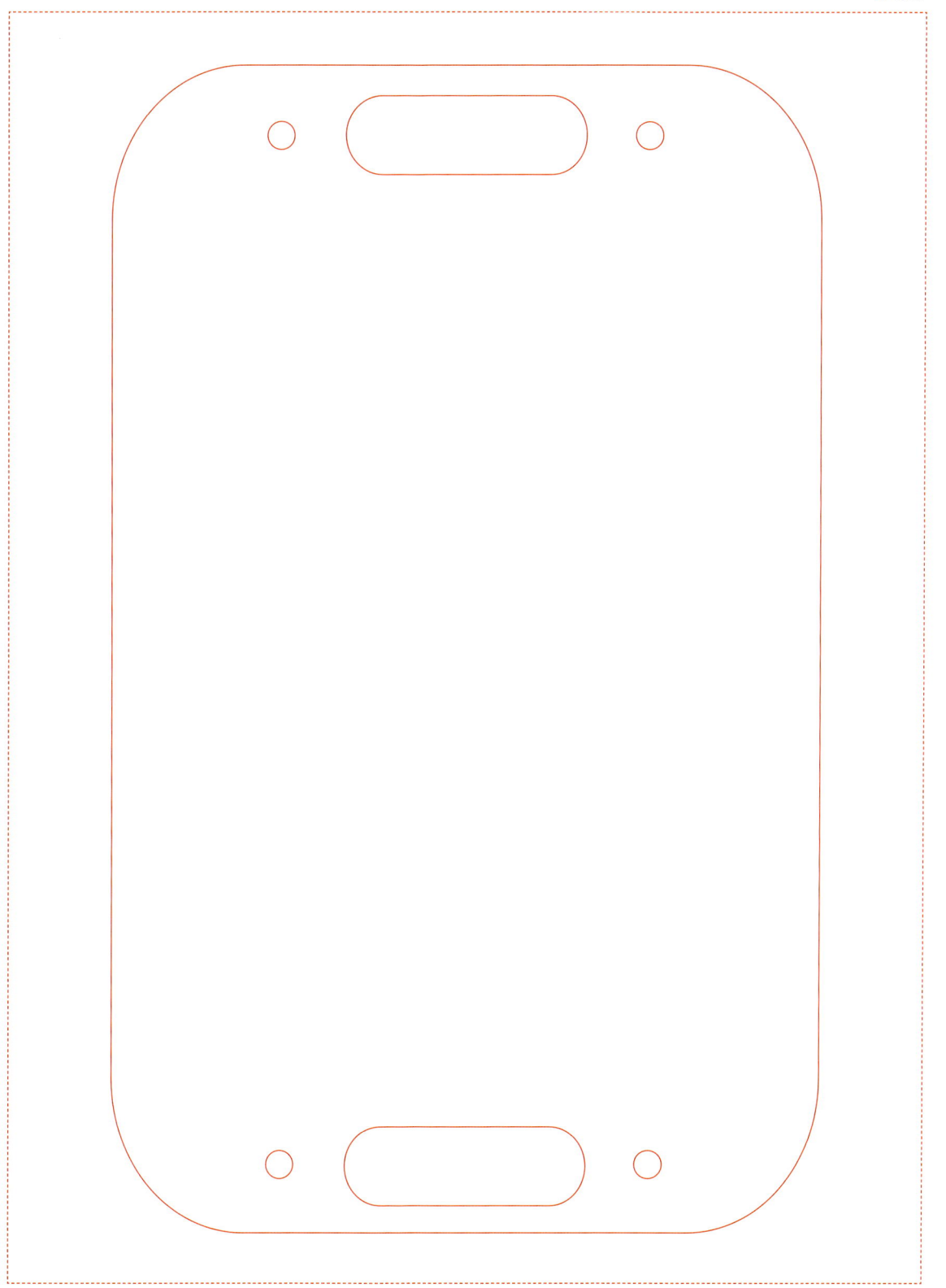

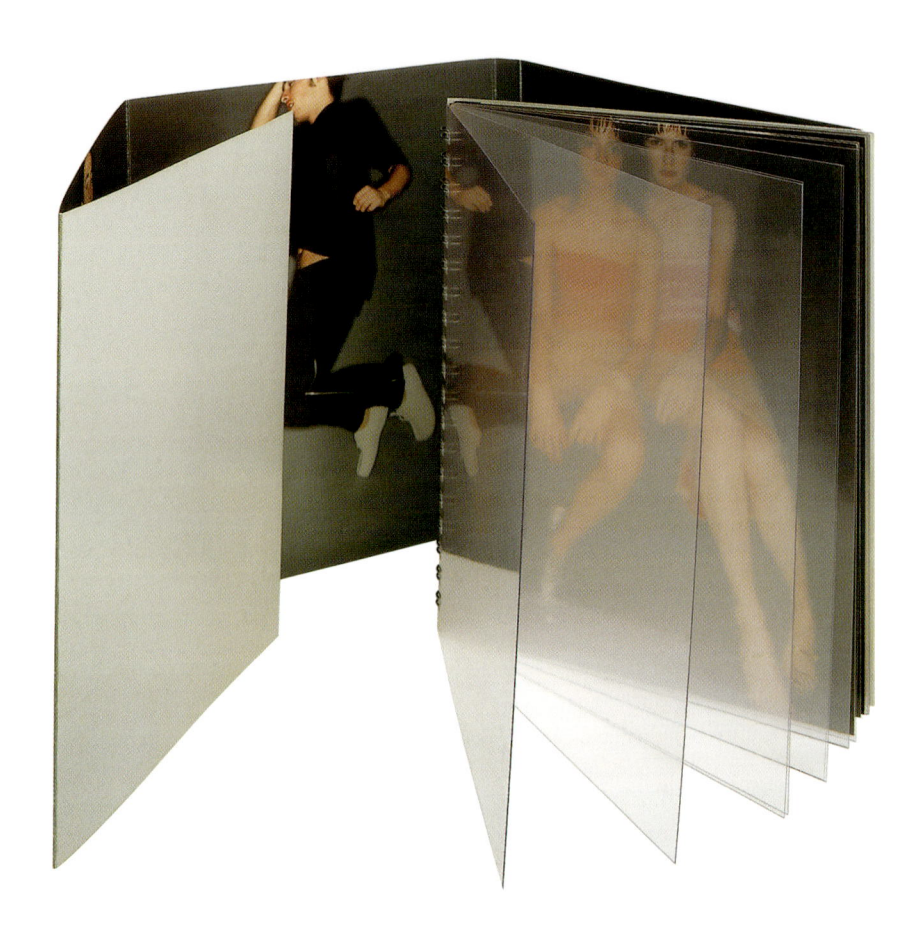

DESIGN	→	Area
PROJETO	→	Catálogo de moda
DESCRIÇÃO	→	Este luxuoso catálogo consiste de capas com dobras paralelas e uma série de folhas de acetato que revelam as fotografias gradativamente, à medida que são viradas.

DESIGN	→	HDR Design
PROJETO	→	Folder
DESCRIÇÃO	→	Este folder em formato de livro de bolso se desdobra em uma folha de 395 mm x 395 mm. Contém uma capa em cartão preto com uma faixa elástica preta para fechá-lo.

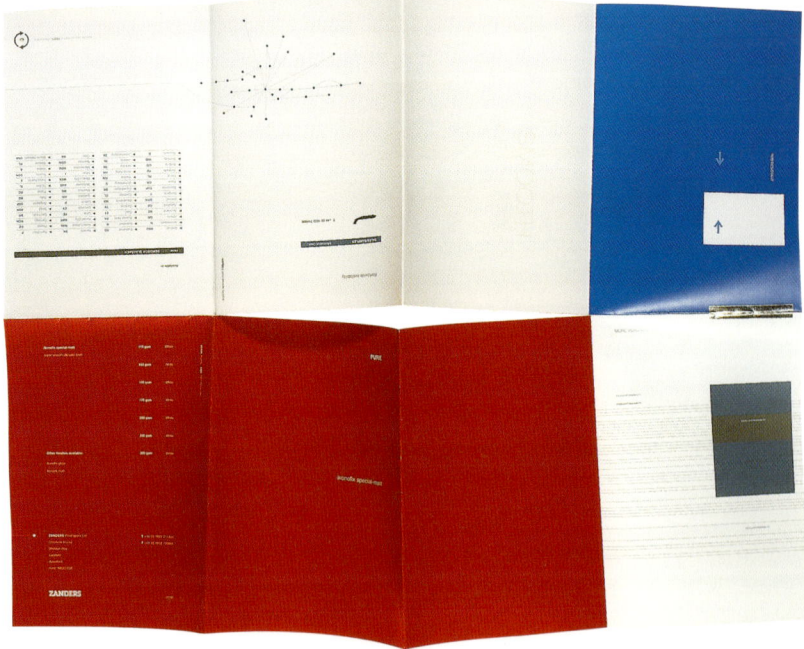

DESIGN	→	Roundel
PROJETO	→	Folder para a Zanders FinePapers
DESCRIÇÃO	→	Este folder parece, inicialmente, um documento convencional com oito páginas duplas. Entretanto, uma vez que é desdobrado em uma folha só, seu método de montagem fica aparente. A folha aberta tem um corte sobre a dobra central, o que permite que a dobradura seja feita.

DESIGN	→	Area
PROJETO	→	Catálago de joalheria
DESCRIÇÃO	→	Para este catálogo promocional de uma joalheria de luxo, foram usados um formato e um sistema de encadernação bastante originais. As páginas são circulares e as capas são feitas com duas folhas de acrílico colorido cortadas em quadrado. A encadernação é feita com um parafuso de latão, assim, o catálogo pode ser aberto em leque.

→ 045

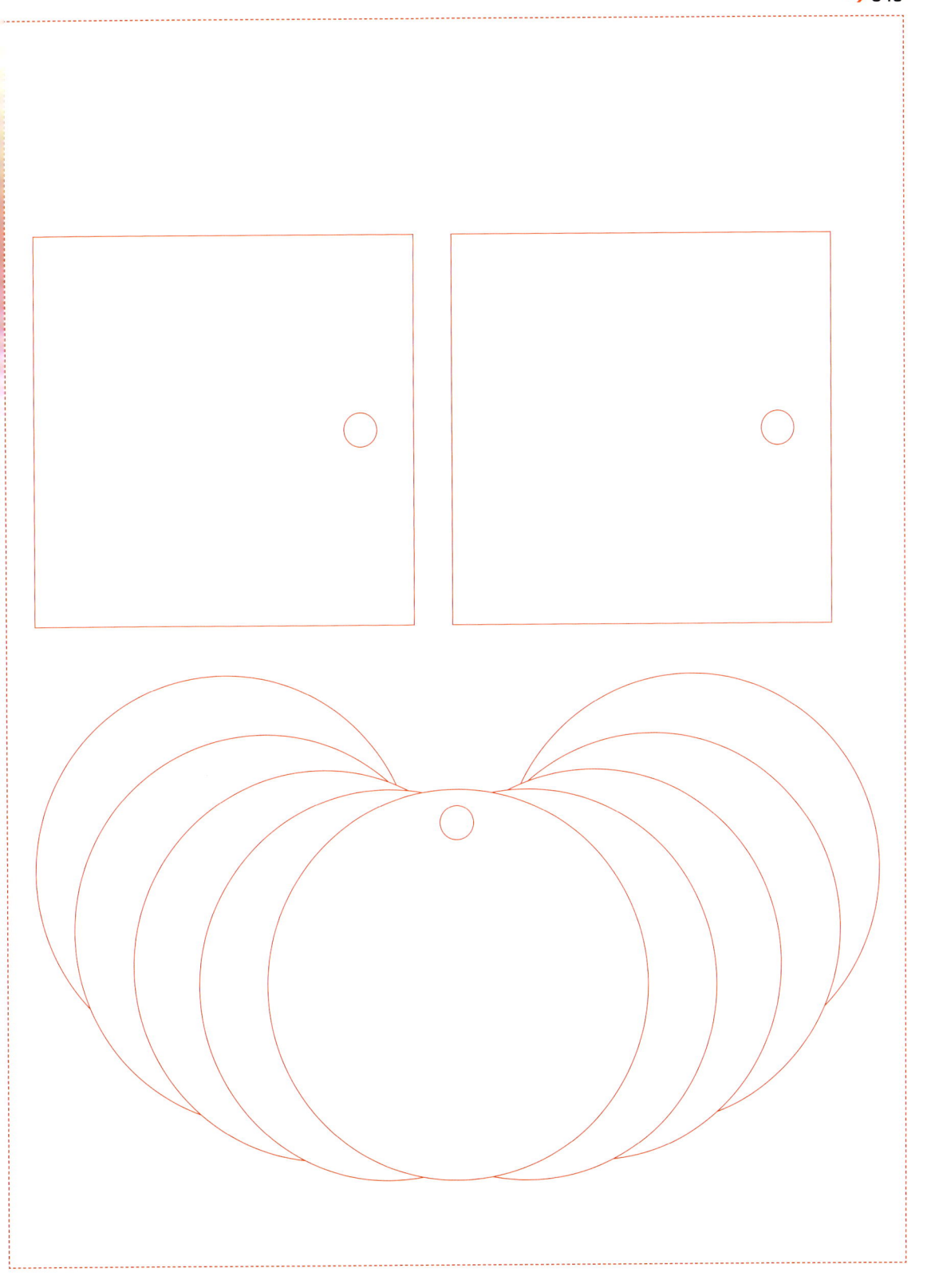

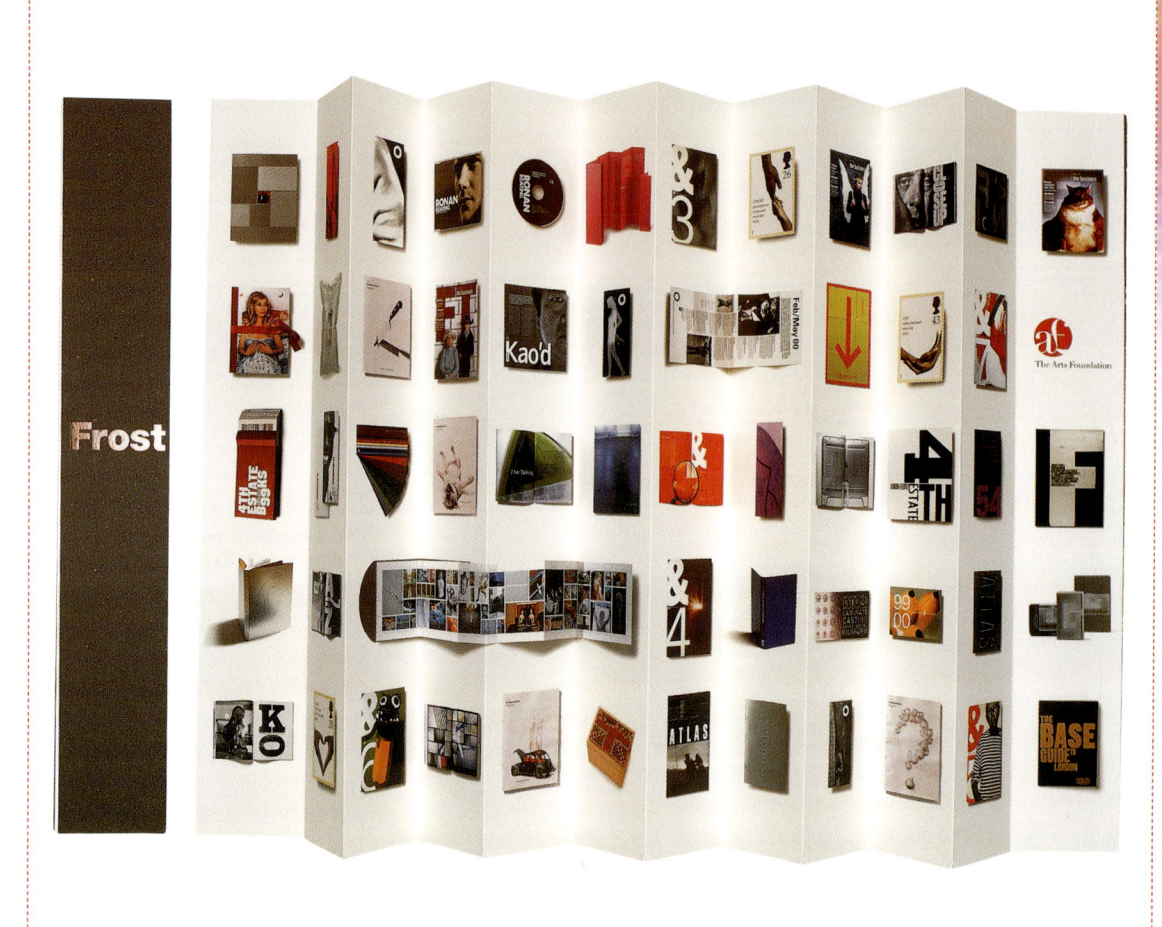

DESIGN	→	Vince Frost
PROJETO	→	Portfólio
DESCRIÇÃO	→	Este portfólio em grande formato com dobra sanfona pode ser visualizado página por página ou com a peça toda aberta, desdobrada. Não há texto explicativo; os trabalhos para alguns clientes bastante conhecidos e o layout de Frost falam por si sós.

DESIGN	→	Nassar Design
PROJETO	→	Portfólio para escritório de arquitetura
DESCRIÇÃO	→	Pasta para cartões simples e luxuosa. O papel-cartão metalizado com alta gramatura recebeu um corte especial com cantos levemente arredondados e um botão metálico para fechamento. A capa foi finalizada com uma etiqueta quadrada brilhante.

→ 049

DESIGN	→	Studio International
PROJETO	→	Publicação circular
DESCRIÇÃO	→	Esta publicação de museu contém uma margem em arco que deixa à mostra os folhetos retangulares encaixados nas abas, estabelecendo um diálogo entre as linhas curva e reta. Quando aberto, o folder é um círculo com uma tira estreita retirada de sua parte central inferior; a base cortada do círculo dobra-se para cima, formando abas.

→ 051

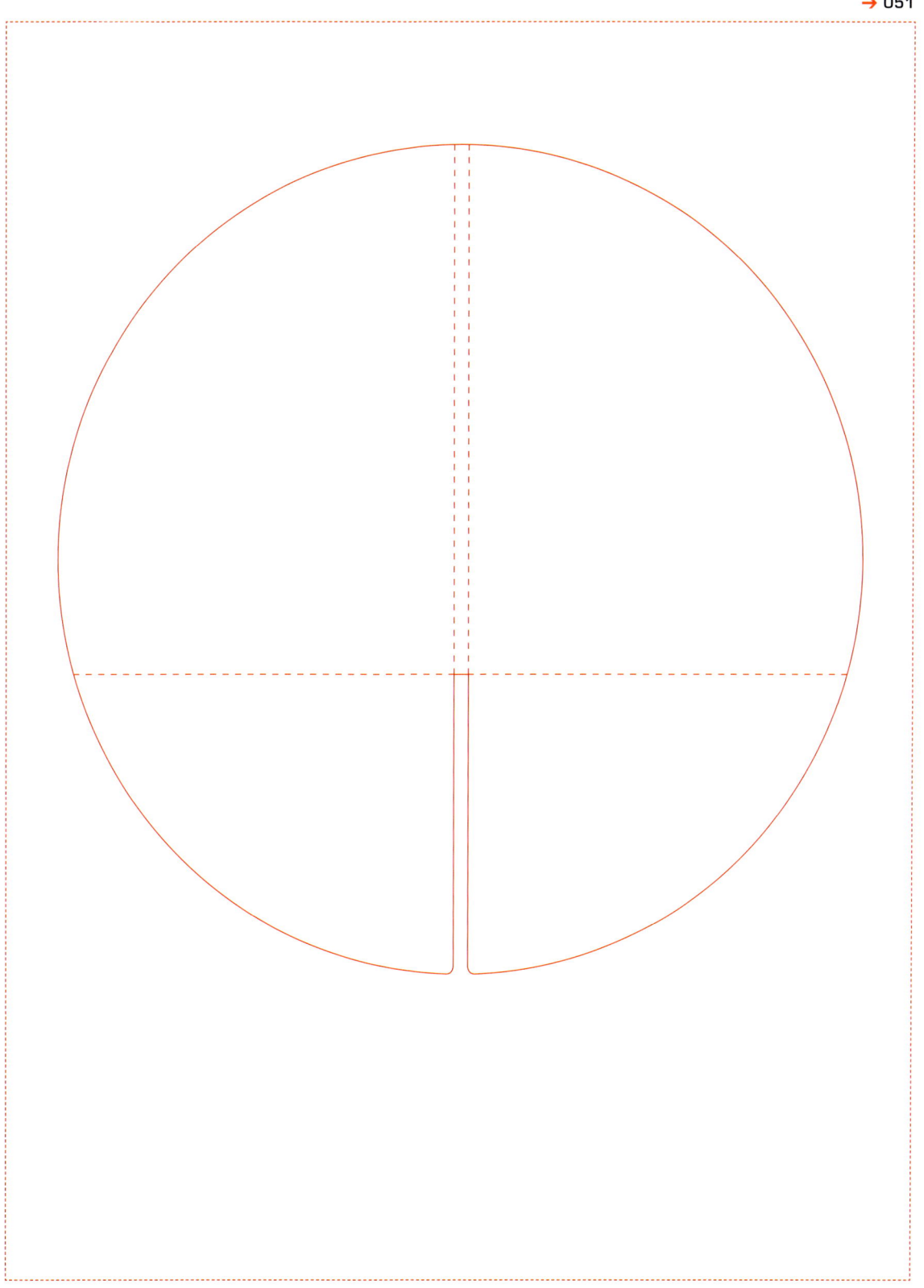

DESIGN	→	Blue Lounge Design
PROJETO	→	Catálogo promocional
DESCRIÇÃO	→	Esta publicação multifuncional é composta por várias abas que, quando abertas, revelam um catálogo, o cartão de visita e o texto de apresentação da empresa.

→ 053

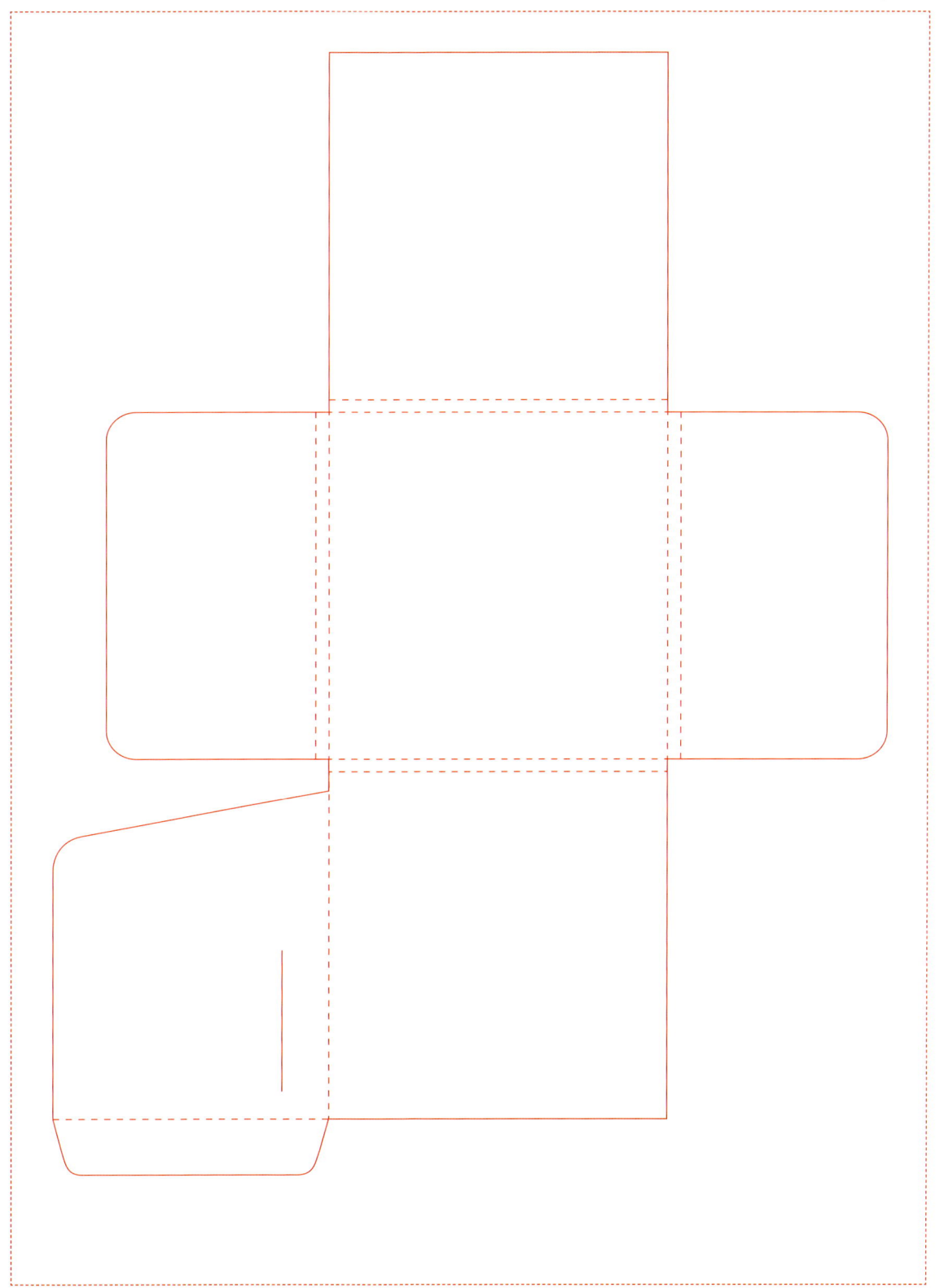

DESIGN	→	Communication Visual
PROJETO	→	Material editorial promocional
DESCRIÇÃO	→	Parte folder, parte pasta e parte envelope, esta peça híbrida tem abas dobradas que servem para guardar cartões postais intercambiáveis. A embalagem se fecha com um sistema de aba/fenda.

→ 055

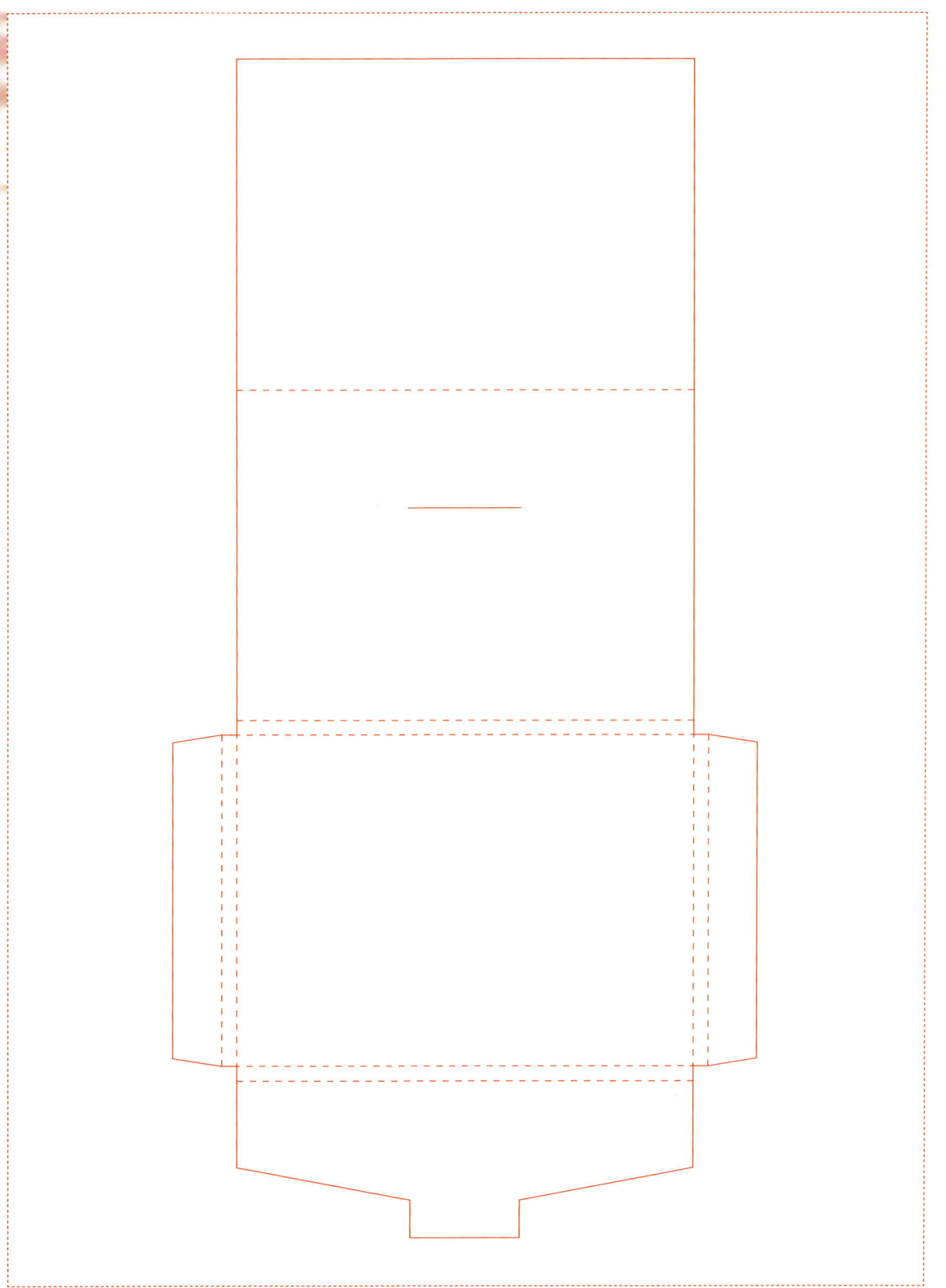

DESIGN	→	Sayles Graphic Design
PROJETO	→	Catálogo de galeria
DESCRIÇÃO	→	Vários cortes especiais e impressões que criam relevo cuidadosamente posicionados ajudam a criar um efeito de prateleira ou vitrine para o catálogo em papel-cartão desta joalheria. O efeito é facilmente obtido e causa um bom impacto.

→ 057

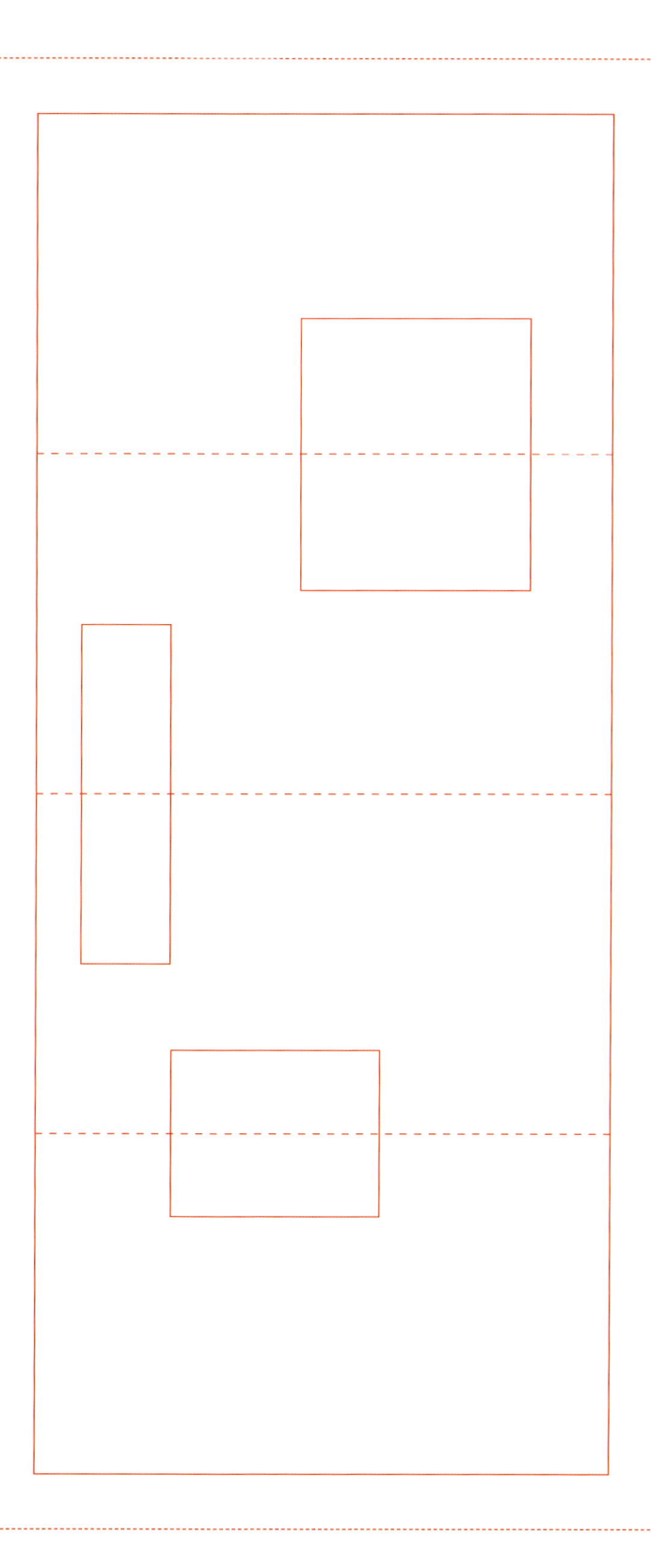

DESIGN	→	Kolégram Design
PROJETO	→	Embalagem para cartões postais
DESCRIÇÃO	→	Pasta em papel-cartão customizada, desenhada para guardar uma série de cartões postais. Contém uma fenda na parte de trás para guardar cartões de visita.

→ 059

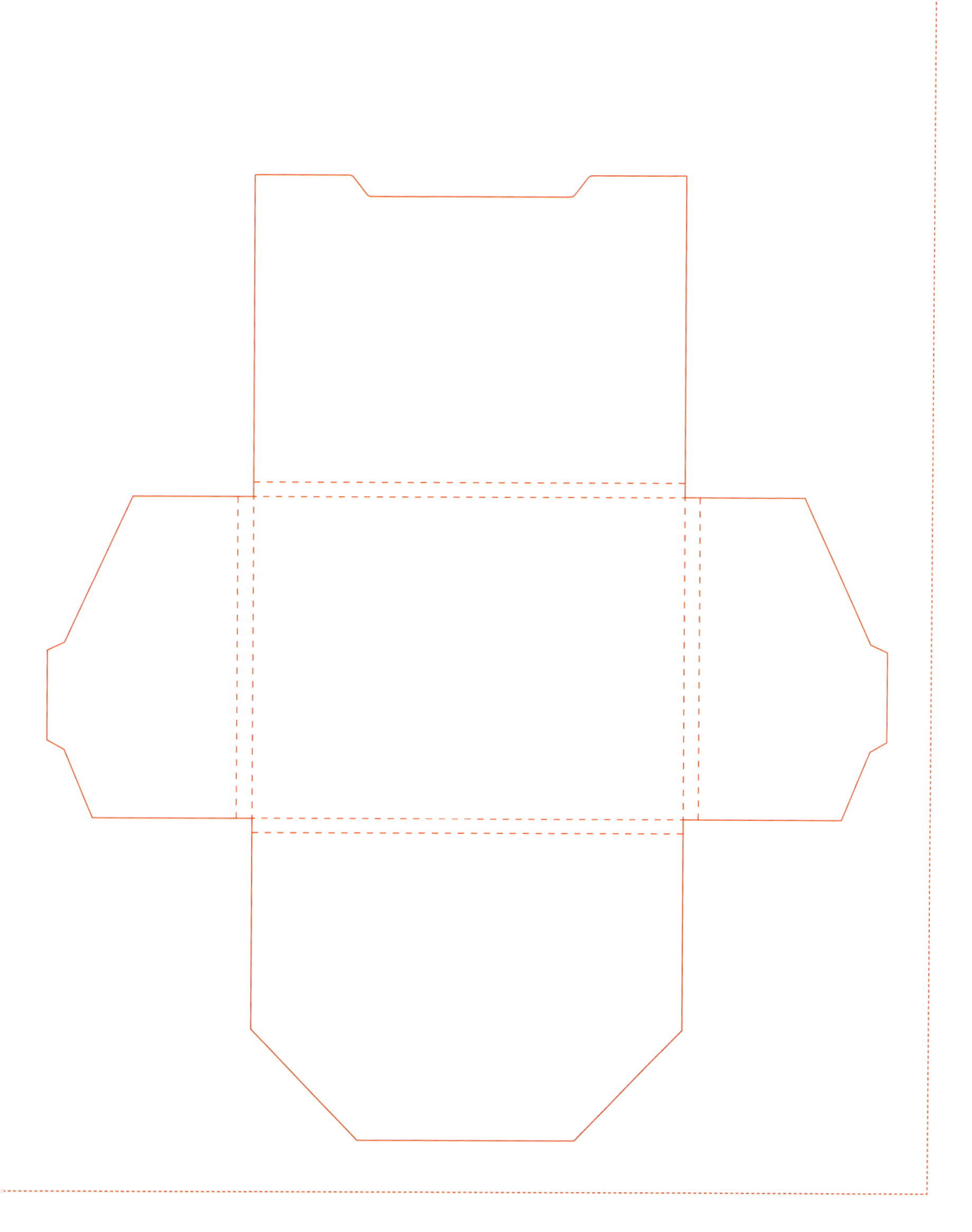

FOLDERS E CATÁLOGOS → TEMPLATES PARA DESIGN GRÁFICO E DESIGN DE EMBALAGENS

DESIGN	→	IE Design
PROJETO	→	Material editorial promocional
DESCRIÇÃO	→	Pasta com bolso em corte especial, lacrada com adesivo. Aberto o adesivo, o interior revela outro lacre, que instiga o leitor a continuar explorando. Esta pasta com corte curvilíneo é, além de bonita, funcional, pois guarda cartões de visita, papéis timbrados e outros materiais promocionais.

→ 061

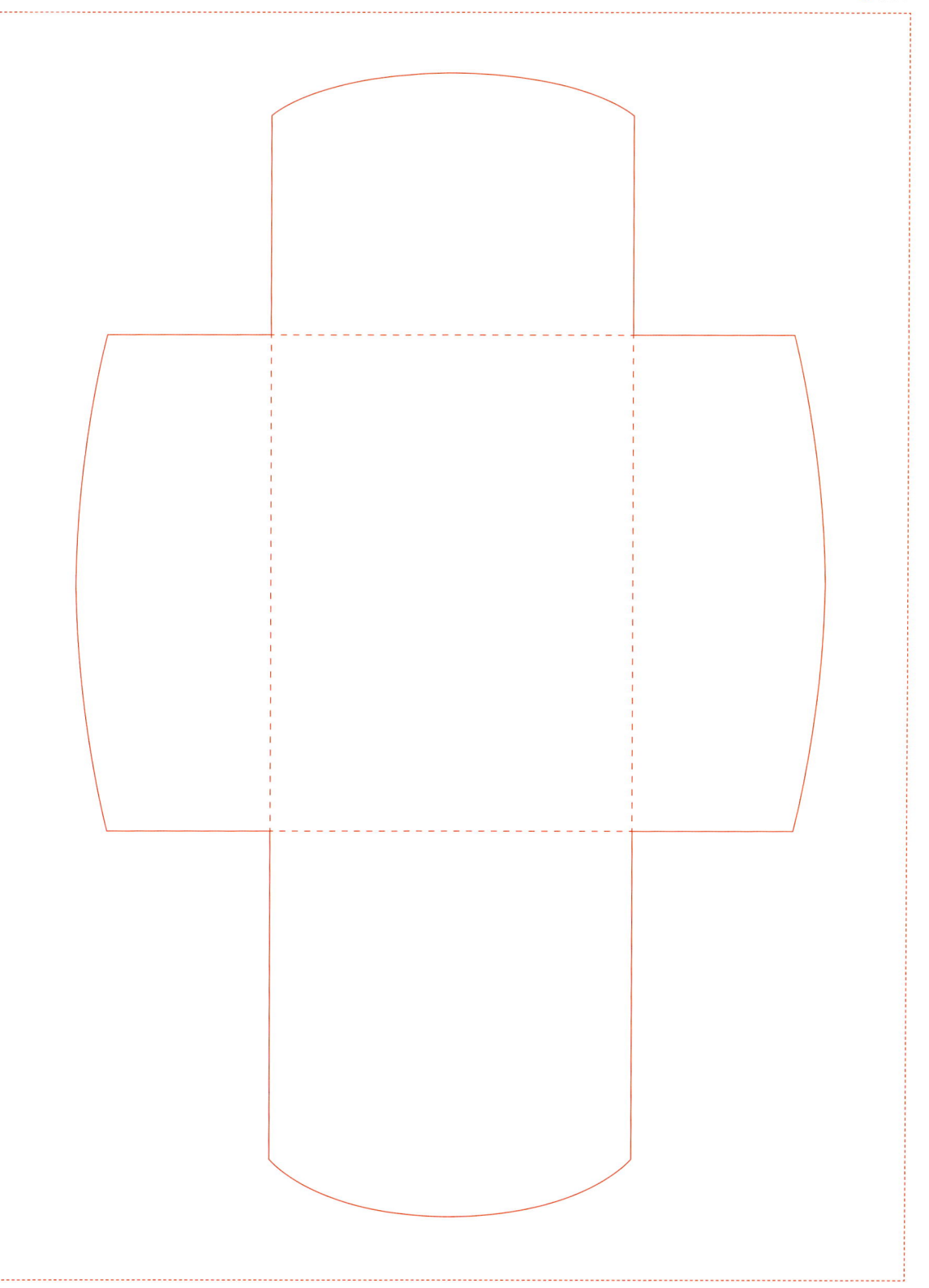

DESIGN	→	Methodologie
PROJETO	→	Folder
DESCRIÇÃO	→	Esta pasta mais comprida e estreita que o comum ganha ainda mais destaque com uma elegante fenda decorativa na capa. O bolso interno é feito por uma aba que se dobra no lado direito e é colada ao longo da margem interna. Um corte especial na aba cria um encaixe para folhetos.

→ 063

DESIGN	→	Greteman Group
PROJETO	→	Embalagem em papel-cartão
DESCRIÇÃO	→	Pasta em papel-cartão desenhada para guardar um estojo de CD.

→ 065

03

CARTÕES COMEMORATIVOS E CONVITES

DESIGN	→	B+B
PROJETO	→	Convocação de trabalhos para exposição e convite
DESCRIÇÃO	→	Embalagem impressa e apresentada planificada. Além de ser um convite para a exposição, a caixa também pode ser montada e usada para o envio de trabalhos.

→ 069

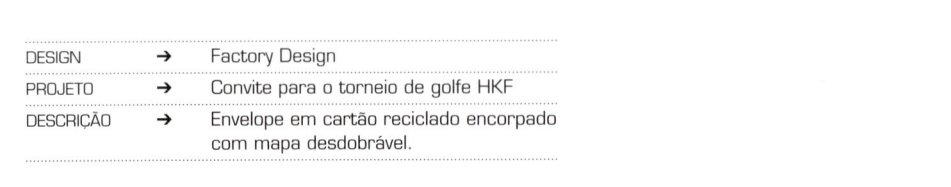

DESIGN	→	Factory Design
PROJETO	→	Convite para o torneio de golfe HKF
DESCRIÇÃO	→	Envelope em cartão reciclado encorpado com mapa desdobrável.

→ 071

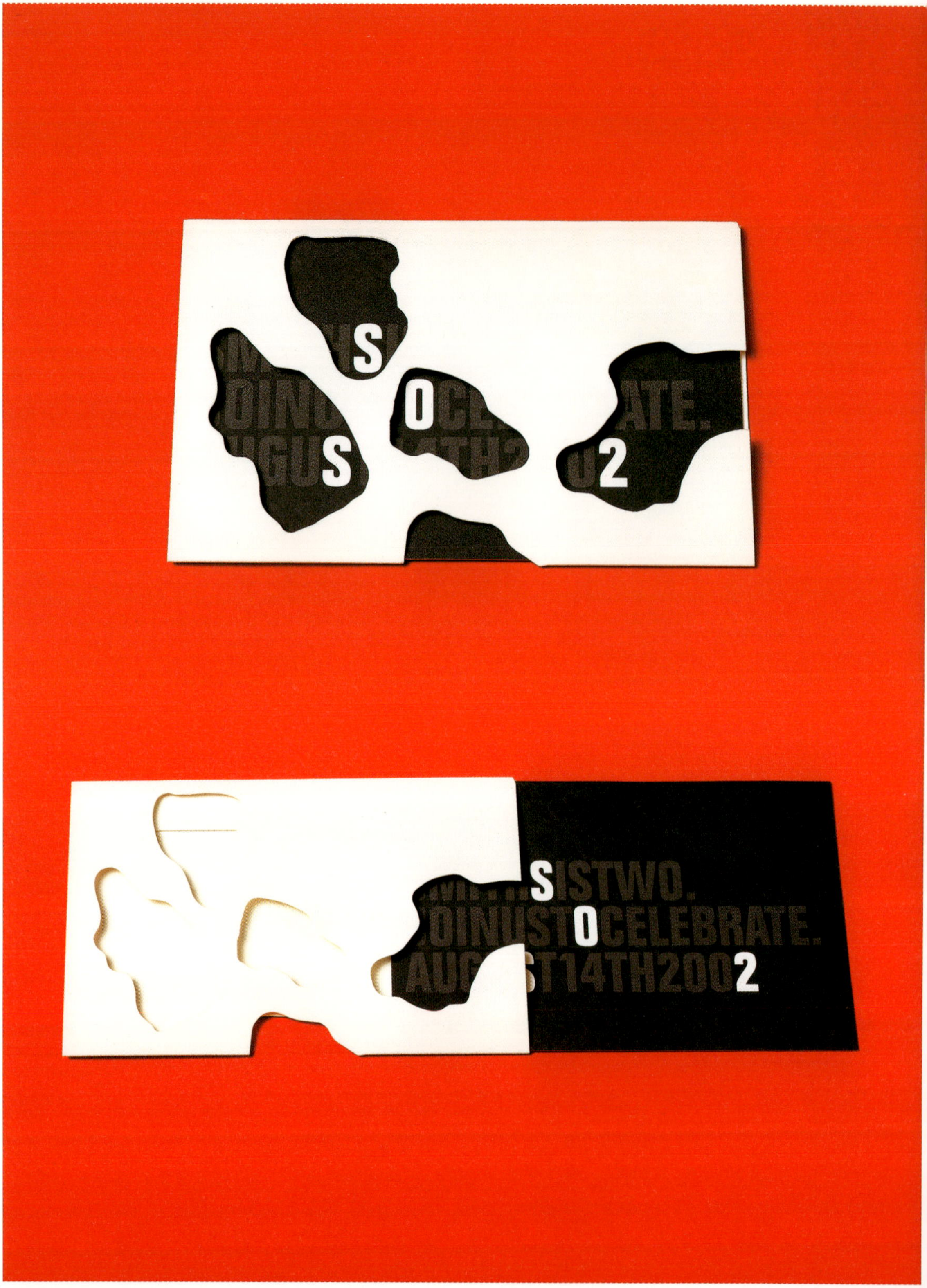
SISTWO.
OINUSTOCELEBRATE.
ST14TH2002

→ 073

DESIGN	→	Rodney Fitch
PROJETO	→	Convite para o Smiths of Smithfield
DESCRIÇÃO	→	Este convite para o segundo aniversário do restaurante Smiths of Smithfield utiliza um corte especial que imita manchas de pelo de vaca para revelar a informação "SOS 2". Deslizando o convite interno para fora, o leitor é formalmente convidado para a festa. O design com manchas de vaca faz referência à localização do restaurante, no mercado de carnes Smithfield, em Londres.

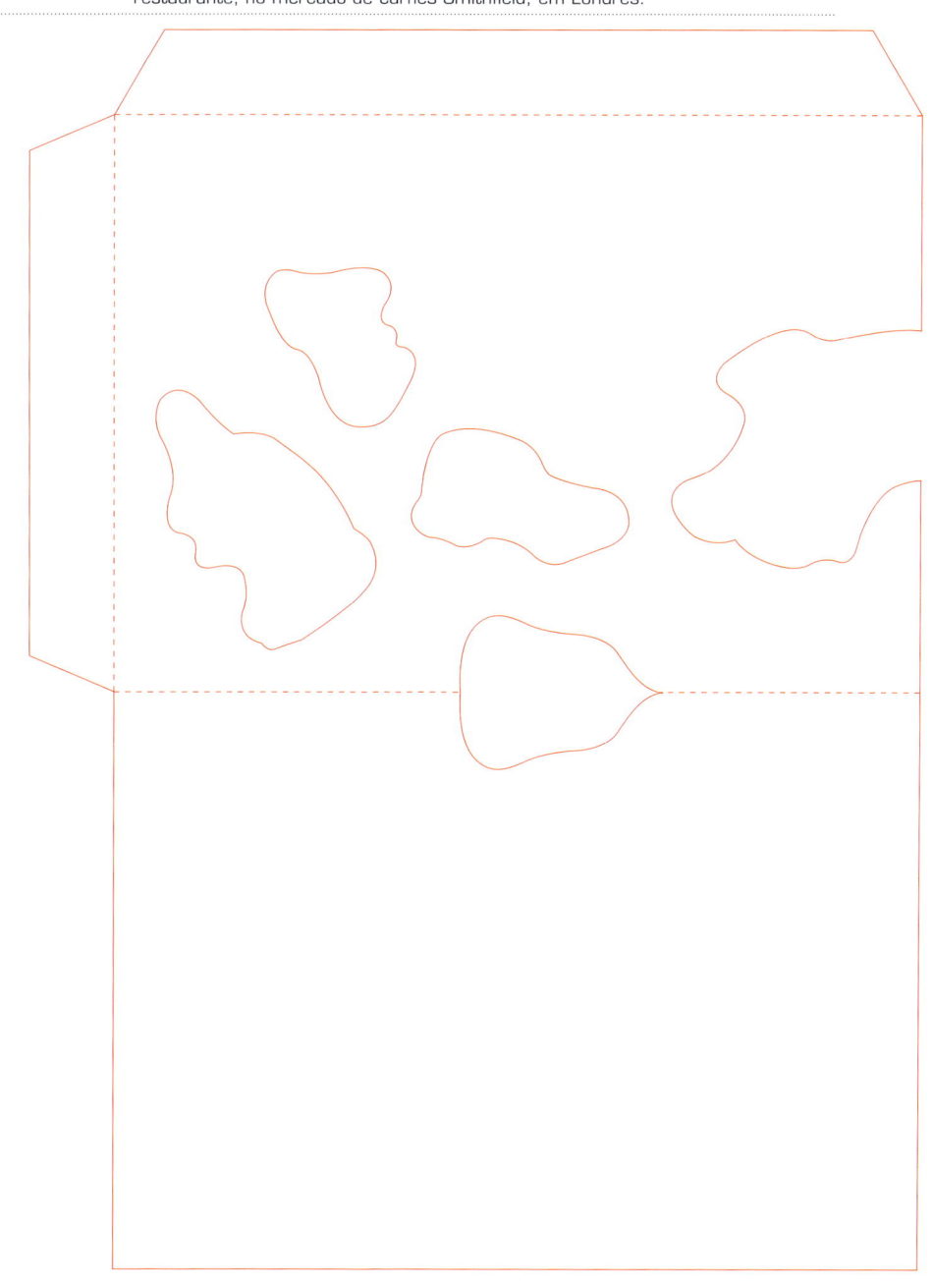

DESIGN	→	Plazm
PROJETO	→	Convite para a abertura da galeria de arte Savage Open House
DESCRIÇÃO	→	Convite/mala-direta com corte especial e picotes que pode ser destacado e montado para criar uma réplica da galeria.

→ 075

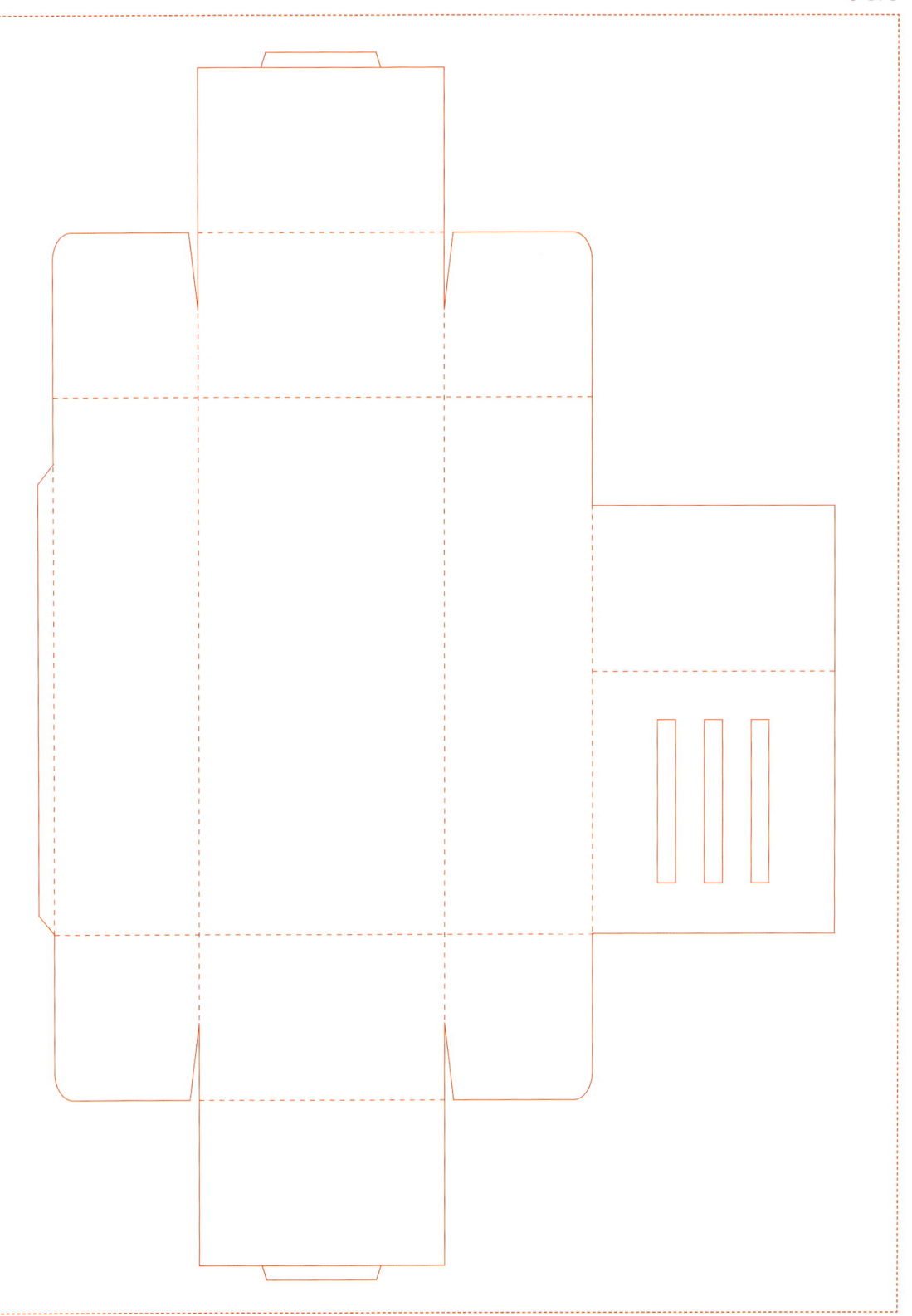

DESIGN	→	sans+baum
PROJETO	→	Convite/catálogo da *Future Map*
DESCRIÇÃO	→	*Future Map* é um show anual que celebra os melhores trabalhos dos alunos graduados pelo The London Institute. Para a exposição, a sans+baum criou um convite que era uma sacola de papel não revestido, enviada em embalagem termo-encolhível. Os visitantes podiam pegar as informações ao lado dos trabalhos expostos e colocá-las na sacola, transformando-a em um catálogo simples e artesanal da exposição.

→ 077

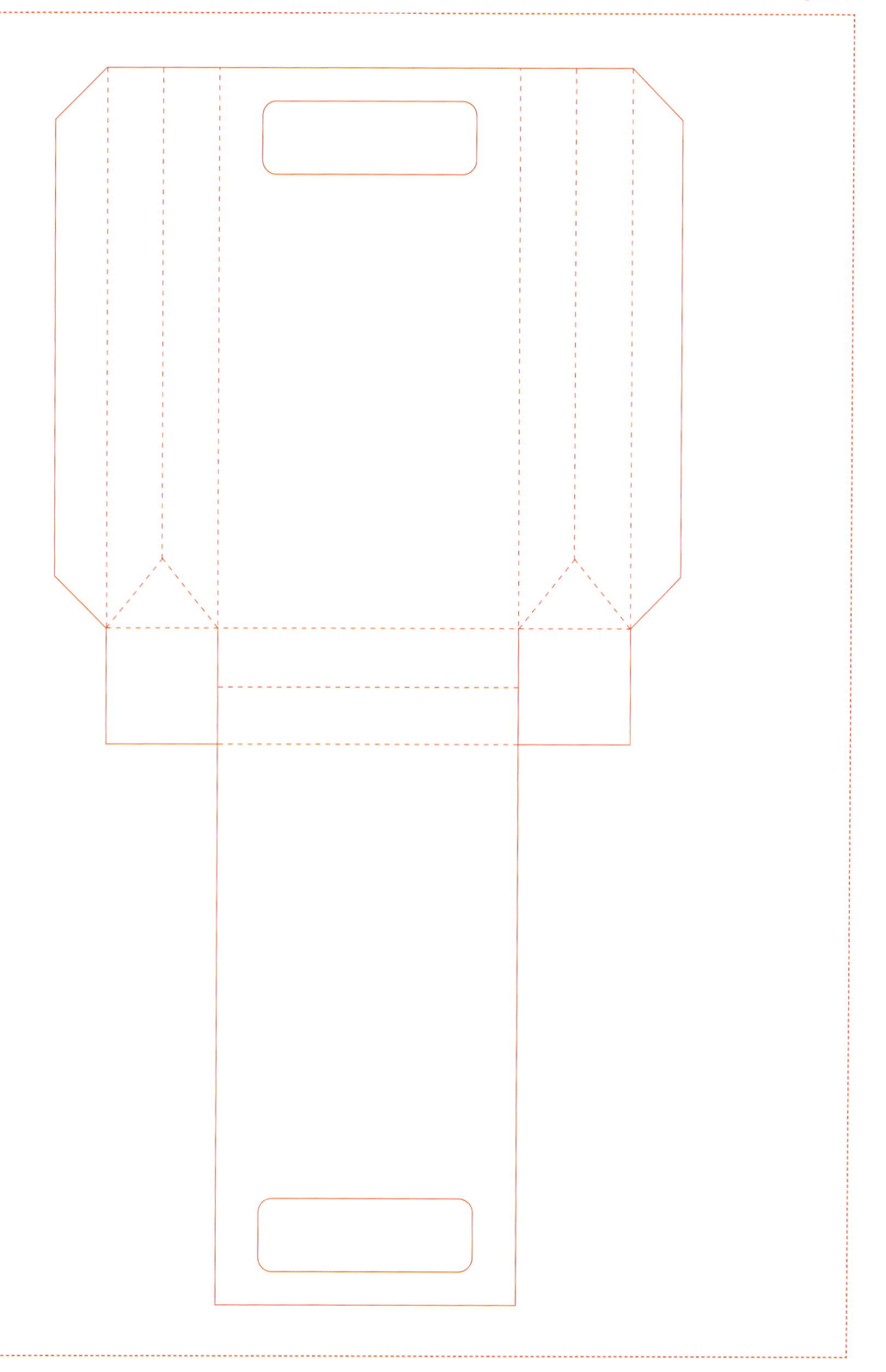

DESIGN	→	Agitprop
PROJETO	→	Convite para desfile de moda
DESCRIÇÃO	→	Convite com corte e vinco especial, impresso em uma cor e dobrado para formar um cartão de mesa autoportante.

CHRISTIAN BLANKEN
FALL/WINTER 2002

MONDAY 18TH FEBRUARY 2002
4.00-8.00PM
AT SUITE 416, METROPOLITAN HOTEL
19 OLD PARK LANE, LONDON W1

RSVP
KIM BLAKE 0207.234.0276
INFO@KIMBLAKEPR.COM

→ 079

DESIGN	→	Vince Frost
PROJETO	→	Convite de festa para o The EON Centre for Health and Wellbeing
DESCRIÇÃO	→	Este convite tem dobra sanfona e corte especial de círculos concêntricos em tamanhos decrescentes no centro de cada face. O último círculo é impresso e forma o "O" de EON. A última dobra é dividida ao meio por um picote e pode ser destacada e usada; uma das metades é o convite e a outra é o formulário RSVP para confirmação de presença.

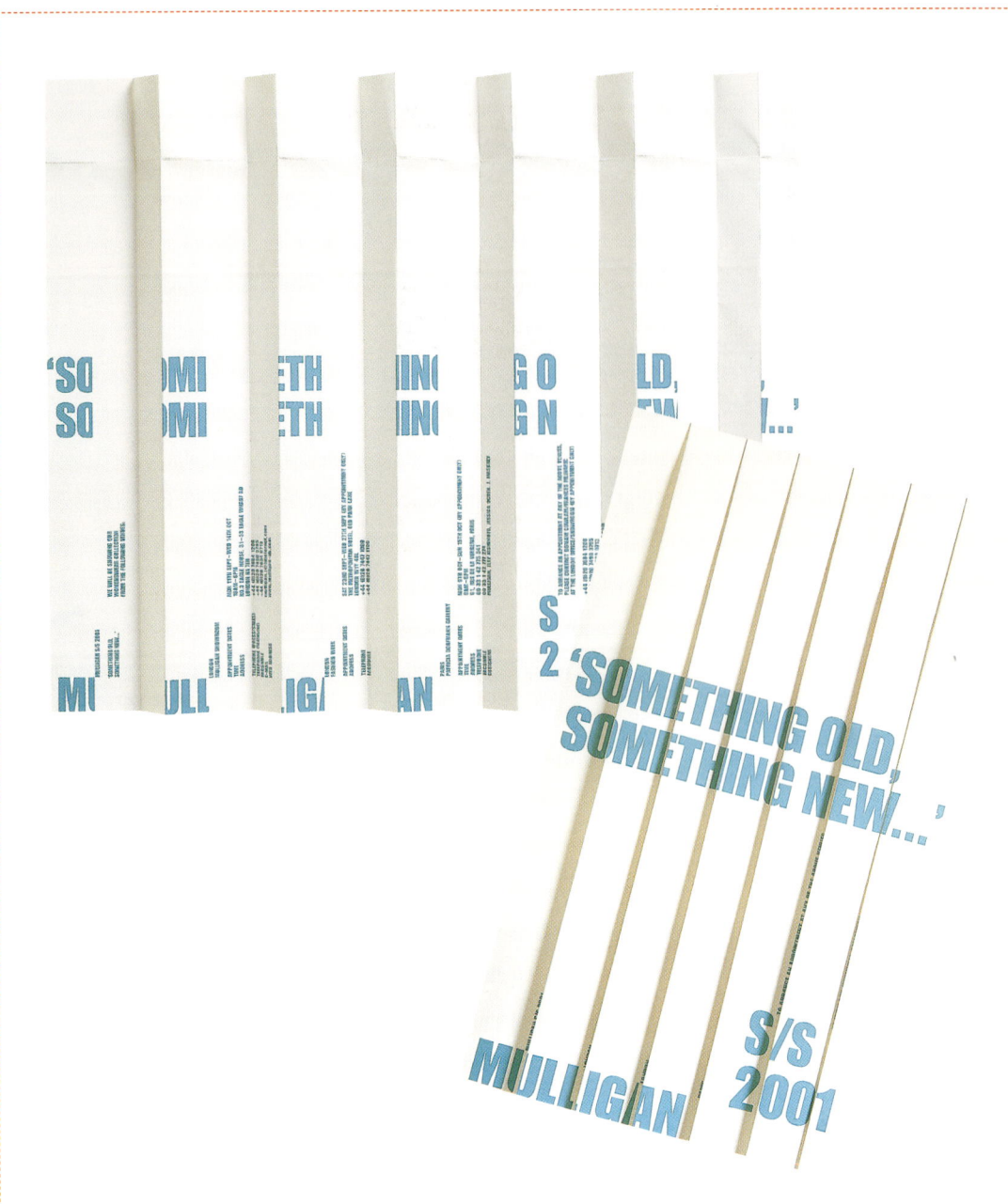

DESIGN	→	Imagination
PROJETO	→	Convite para desfile da Mulligan Womenswear no London Fashion Week
DESCRIÇÃO	→	Neste convite, o designer Brian Griver escolheu testar padrões tipográficos de impressão sobre dobras fechadas. Quando as dobras são abertas, revelam-se as informações sobre o desfile e os contatos. Os convites foram impressos em papel Ikono* fosco 200 g/m², vincados e depois dobrados a mão um a um.

* N. de R.T: Papel sem equivalência no Brasil.

"SOMETIMES GOLD, NEW..."

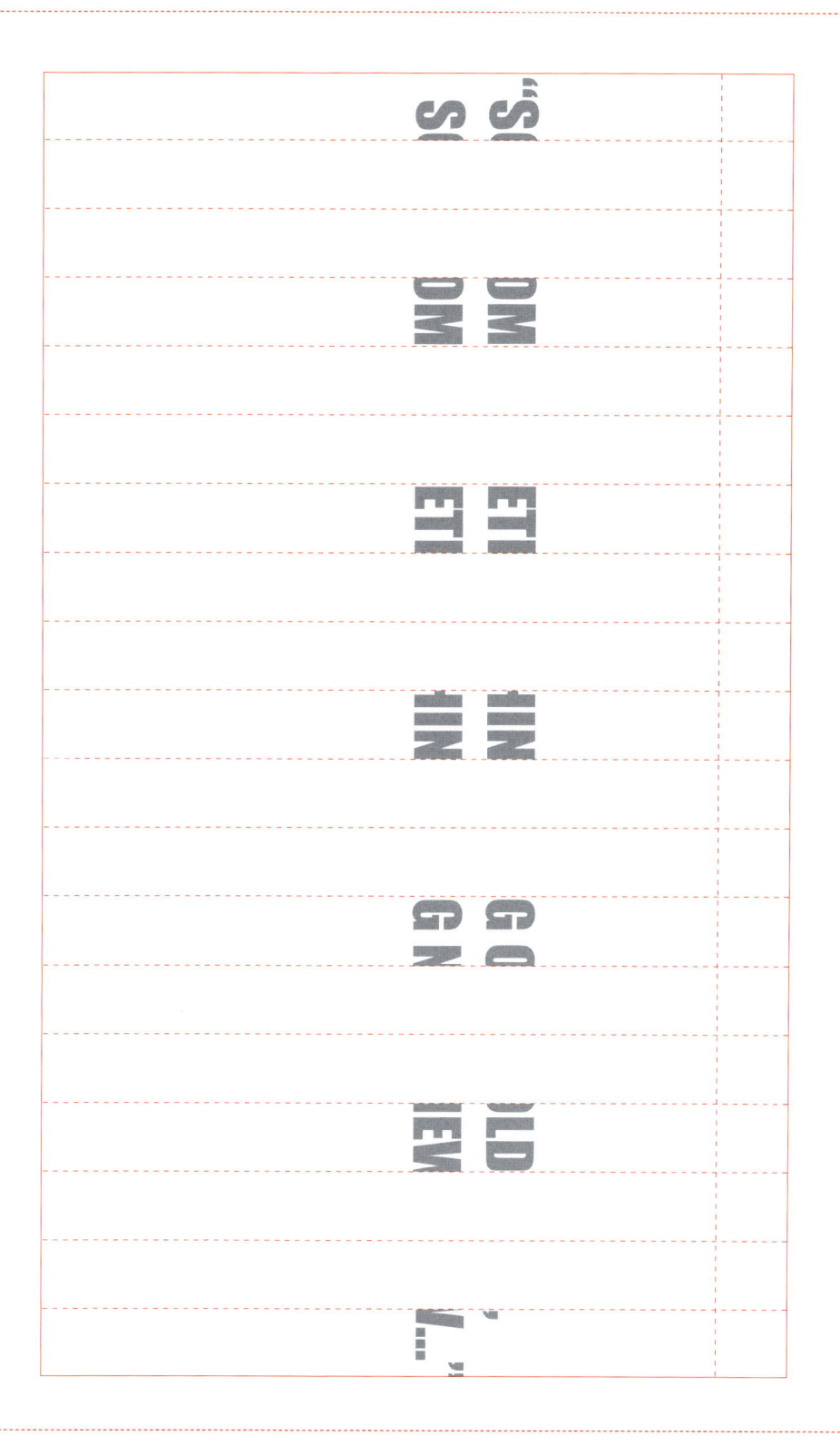

DESIGN	→	Julian House
PROJETO	→	Convite para a inauguração de uma das lojas da YMC
DESCRIÇÃO	→	Este convite foi impresso em uma cor com serigrafia sobre cartão azul vibrante com dobra sanfona. Uma tinta serigráfica grossa foi utilizada para se obter o máximo de opacidade entre as cores contrastantes, garantindo a impressão do texto em rosa vivo.

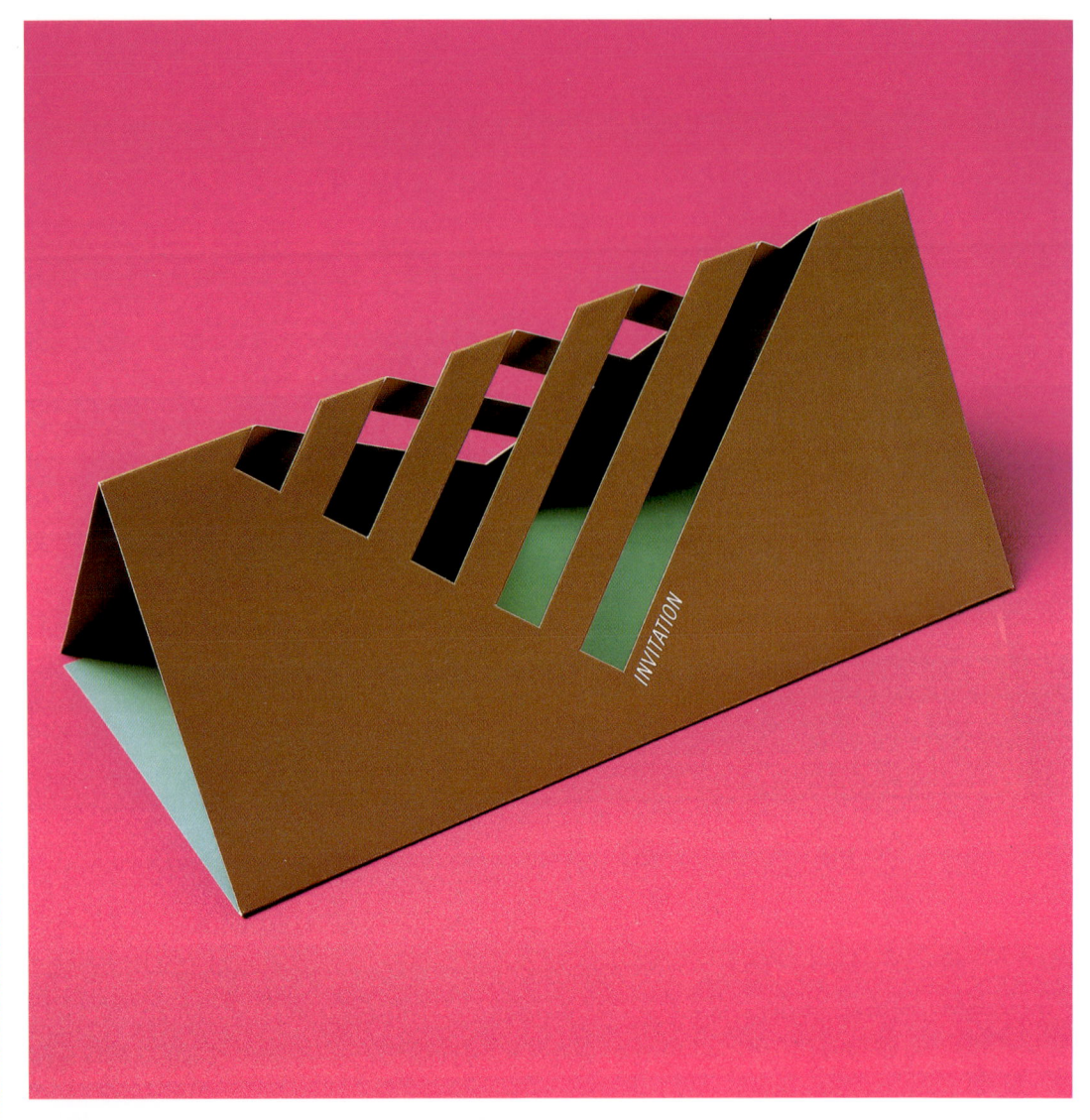

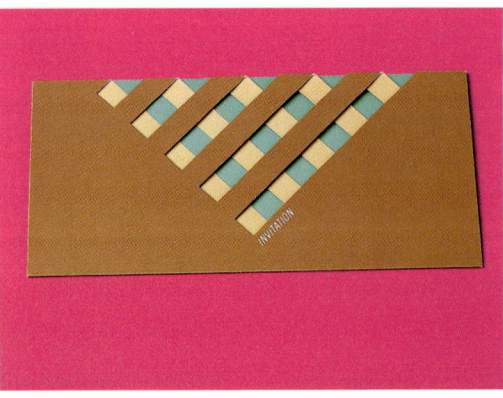

DESIGN	→	Zuan Club
PROJETO	→	Convite para desfile de moda
DESCRIÇÃO	→	Aberto, este convite nada mais é do que um cartão com cinco tiras vazadas, alinhadas para formar um quadrado. O quadrado está inclinado em relação à página, formando um losango, e dobrado ao meio. Quando o convite é dobrado, os espaços do corte e as tiras coloridas se sobrepõem, criando um padrão entrelaçado.

→ 087

DESIGN	→	Margot Madison
PROJETO	→	Cartão de aniversário
DESCRIÇÃO	→	Este convite faz uma brincadeira com "virar" a casa dos 40 anos. O cartão de aniversário também brinca com padrões estilo anos 50 impressos em dourado, marrom e rosa escuro. Um quadrado em papel-cartão rígido foi preso com um fio dourado muito fino a um corte vazado, e gira livremente em seu eixo quando o cartão é retirado do envelope.

→ 089

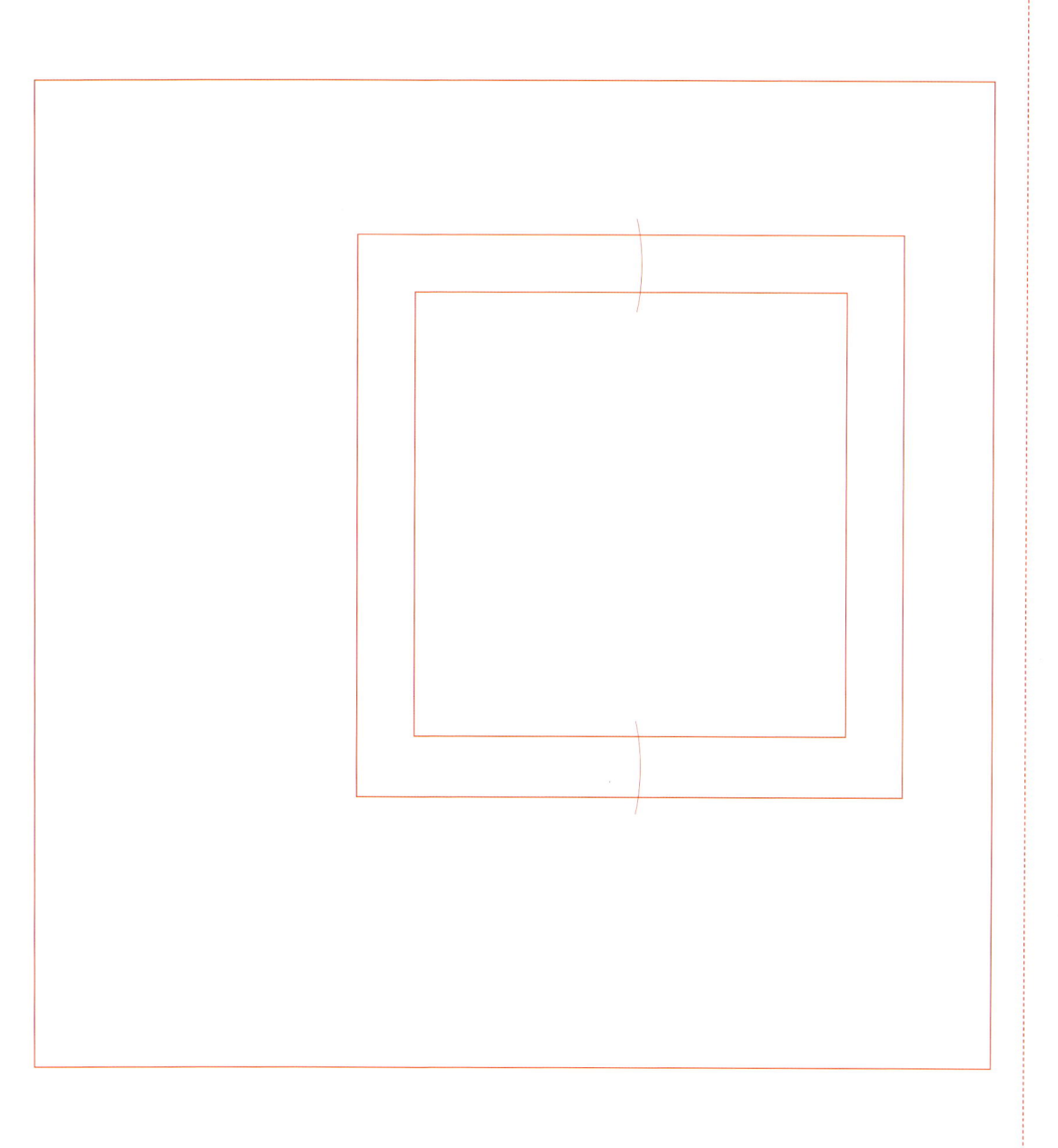

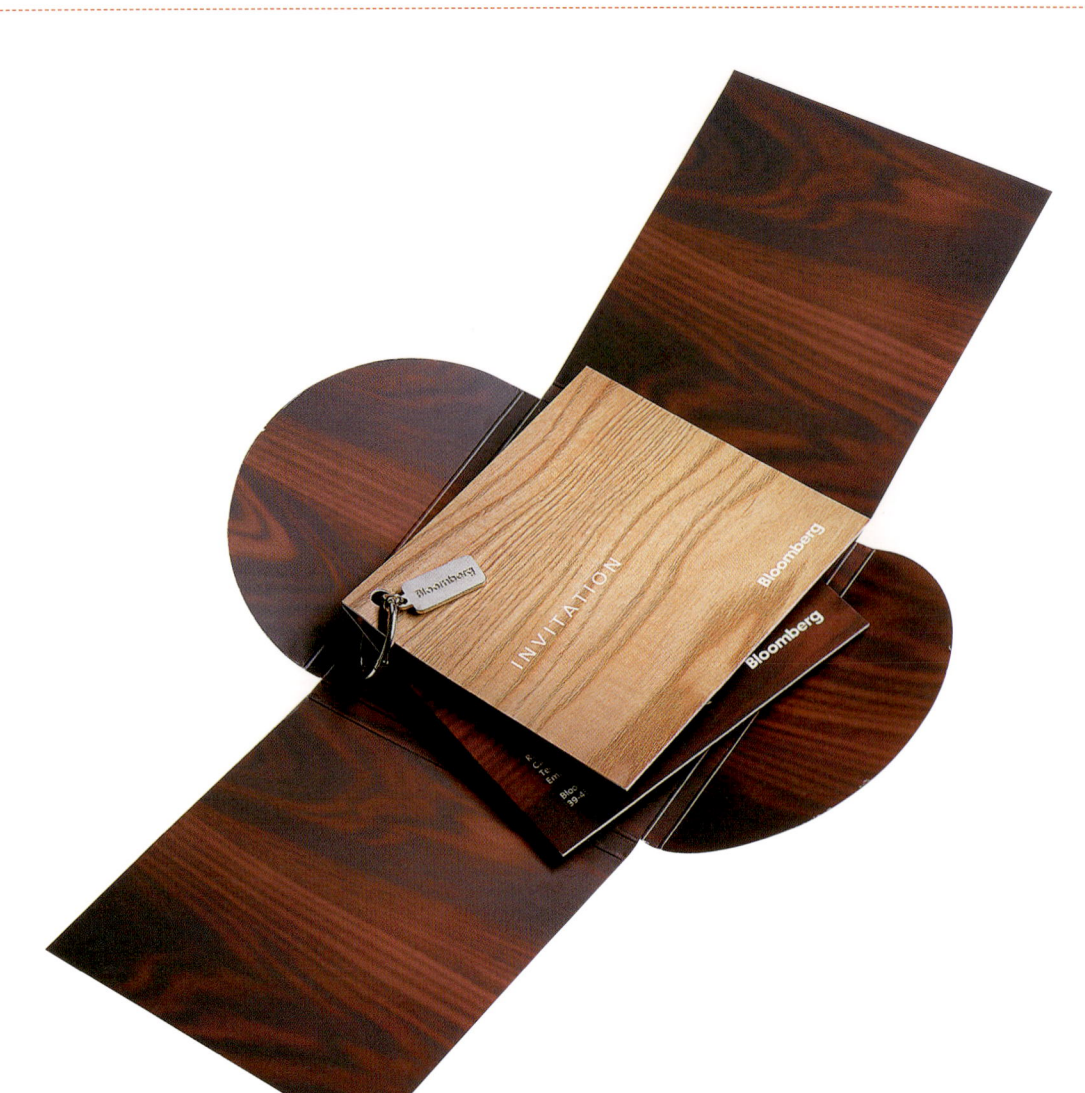

DESIGN	→	Bloomberg
PROJETO	→	Convite
DESCRIÇÃO	→	Pasta em papel-cartão com duas inserções também em papel-cartão impressas imitando várias texturas de madeira.

→ 091

DESIGN	→	Multistorey
PROJETO	→	Convite para coletiva de imprensa do designer de roupas masculinas Simon Carter
DESCRIÇÃO	→	Convite em forma de camisa feito com apenas uma folha de papel e impresso com padrão xadrez lilás e branco.

→ 093

CARTÕES COMEMORATIVOS E CONVITES → TEMPLATES PARA DESIGN GRÁFICO E DESIGN DE EMBALAGENS

DESIGN	→	Salterbaxter
PROJETO	→	Convite
DESCRIÇÃO	→	Este convite para a exposição *Matisse Picasso* no Tate Modern, em Londres, utiliza papel com dobra sanfona e fotos do rosto dos dois artistas cortadas em tiras e intercaladas. Os rostos completos só ficam visíveis quando o convite é segurado de pé e as dobras são visualizadas obliquamente.

MATISSE

PICASSO

DESIGN	→	Actual Size
PROJETO	→	Cartão comemorativo
DESCRIÇÃO	→	Embalagem em papel-cartão para mensagem de boas festas, inspirada na ideia de ganhar presentes sem graça e equivocados de parentes mais velhos. Esta pasta simples pode ser facilmente adaptada para conter itens diferentes.

→ 097

DESIGN	→	Hat-trick
PROJETO	→	Convite
DESCRIÇÃO	→	Este convite para a inauguração da loja de design de interiores Rabih Hage utiliza dobras e cortes especiais para se abrir em um formato de vitrine de loja. Pelo corte retangular, é possível ver a imagem da silhueta de alguns dos produtos disponíveis.

→ 099

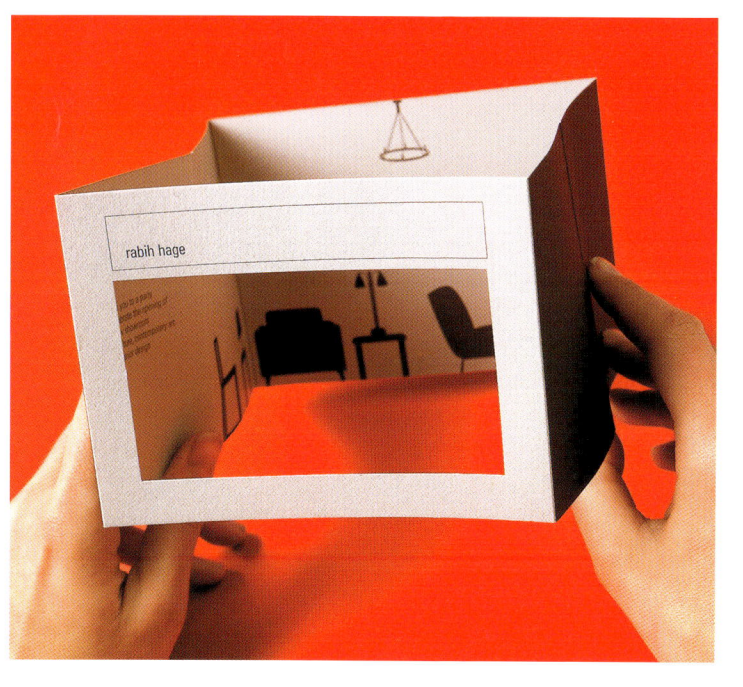

DESIGN	→	Chen Design Associates
PROJETO	→	Convite de casamento
DESCRIÇÃO	→	Esta pequena pasta contém um conjunto de encartes e cartões feitos de materiais como papel japonês e artesanal. O convite também utiliza texto com impressão de aparência similar à tipografia e marca de carimbo prateada feito à mão.

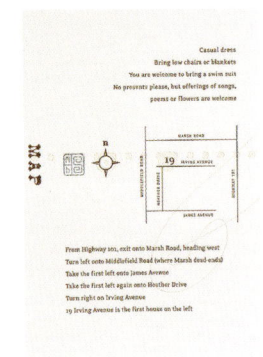

→ 101

DESIGN	→	Vrontikis Design
PROJETO	→	Convite
DESCRIÇÃO	→	Esta peça inusitada é feita a partir de uma folha de papel-cartão cortada no formato de um "n" com uma "cauda"; a ponte formada pelo "n" e a cauda constituem, cada uma, metade da estrutura da peça. Quando o cartão é dobrado em sanfona, a cauda, na direita, se dobra para dentro pelo centro para contornar e colar a estrutura na esquerda, transformando-o em um convite articulado inteligente que se abre nos dois sentidos.

→ 103

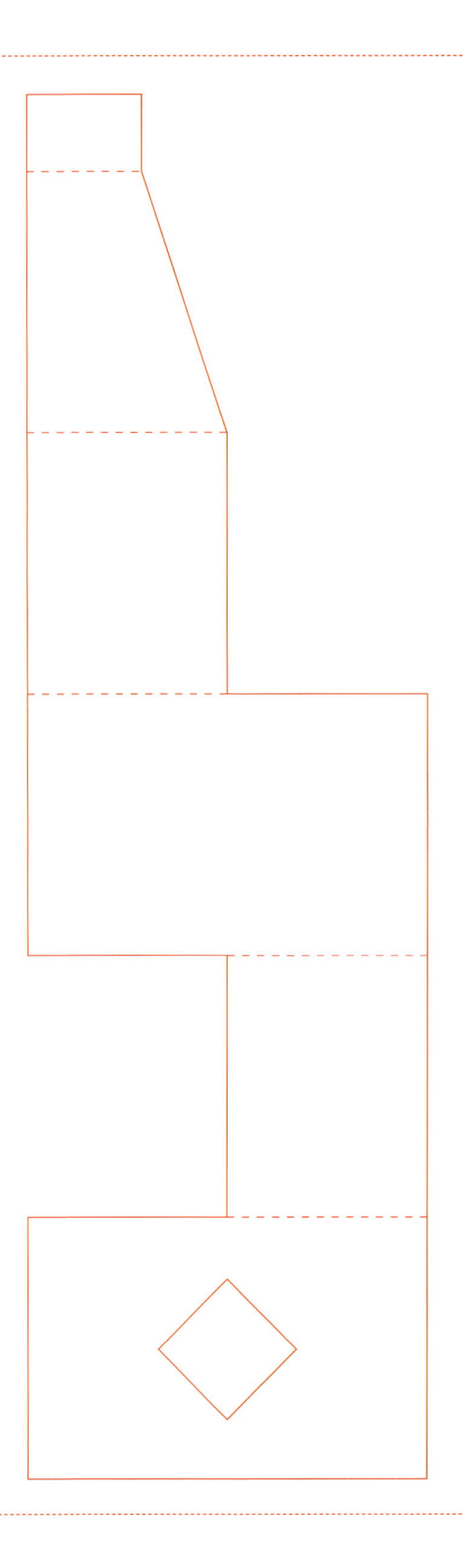

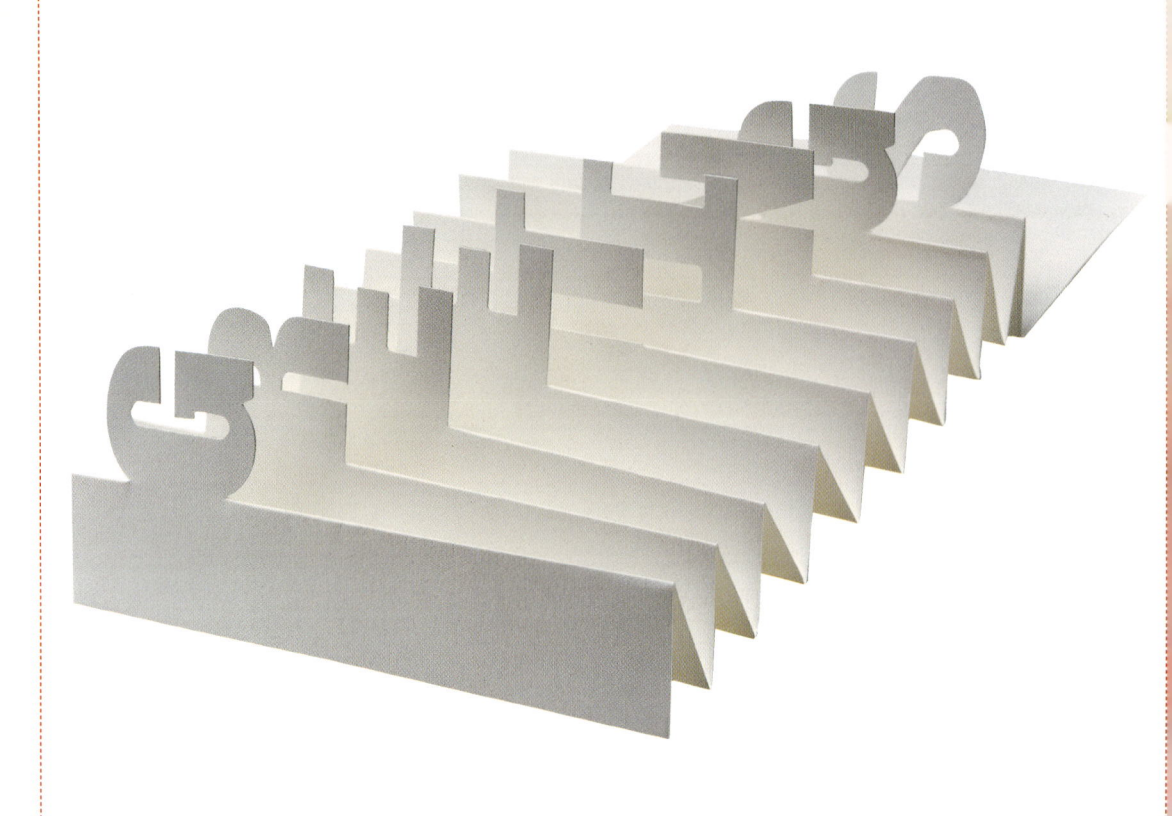

DESIGN	→	Octavius Murray
PROJETO	→	Cartão comemorativo
DESCRIÇÃO	→	Escultura de papel com dobra sanfona utilizada como cartão comemorativo. As letras foram cuidadosamente cortadas do verso de cada dobra para criar este efeito espetacular.

GREETINGS

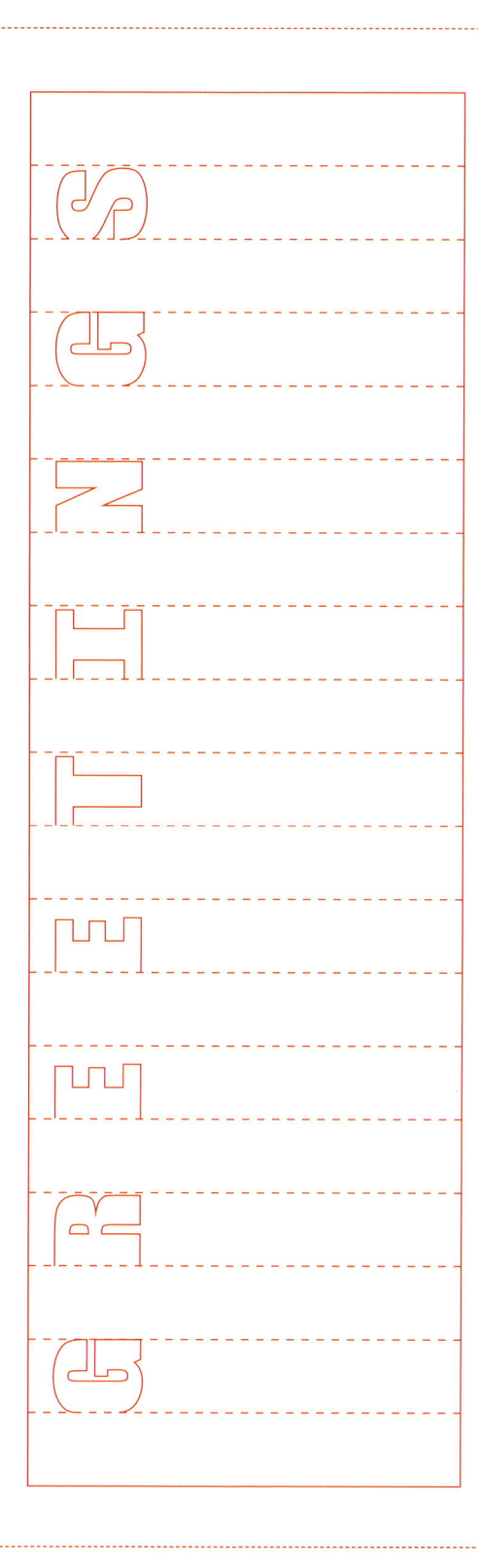

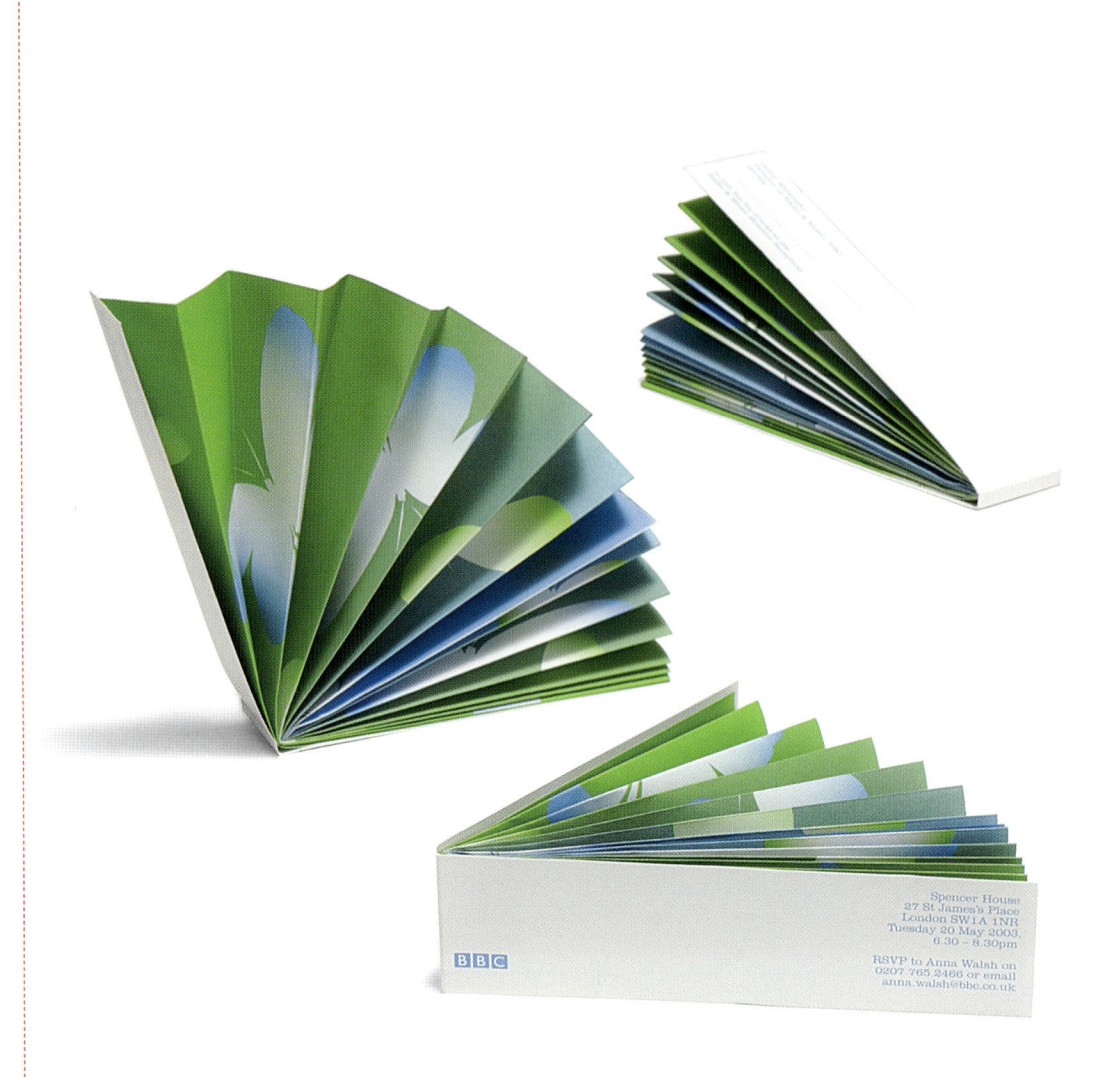

DESIGN	→	NB: Studio
PROJETO	→	Convite
DESCRIÇÃO	→	Convites em papel-cartão com dobra sanfona para a festa de verão da BBC. Estas peças têm dupla função: além de convites, elas são leques utilizáveis.

CARTÕES COMEMORATIVOS E CONVITES → TEMPLATES PARA DESIGN GRÁFICO E DESIGN DE EMBALAGENS

DESIGN	→	Carter Wong Tomlin
PROJETO	→	Cartão de Ano Novo Chinês da Orange
DESCRIÇÃO	→	Versão circular de uma cobra chinesa, desenhada em espiral e cortada em um cartão quadrado. Pelo fio de algodão preso ao rabo da cobra, é possível puxar a forma cortada e pendurar o cartão. Seu lento movimento espiralado aliado às cores chinesas obrigatórias vermelho, laranja e dourado mostram-se irresistíveis ao olhar.

DESIGN	→	Nassar Design
PROJETO	→	Cartão comemorativo
DESCRIÇÃO	→	Envelope carmim metalizado com corte especial em forma de flor. O envelope é plano de um lado e abre-se em um objeto bidimensional de outro. As abas são vincadas, dobradas e fechadas por um adesivo laminado.

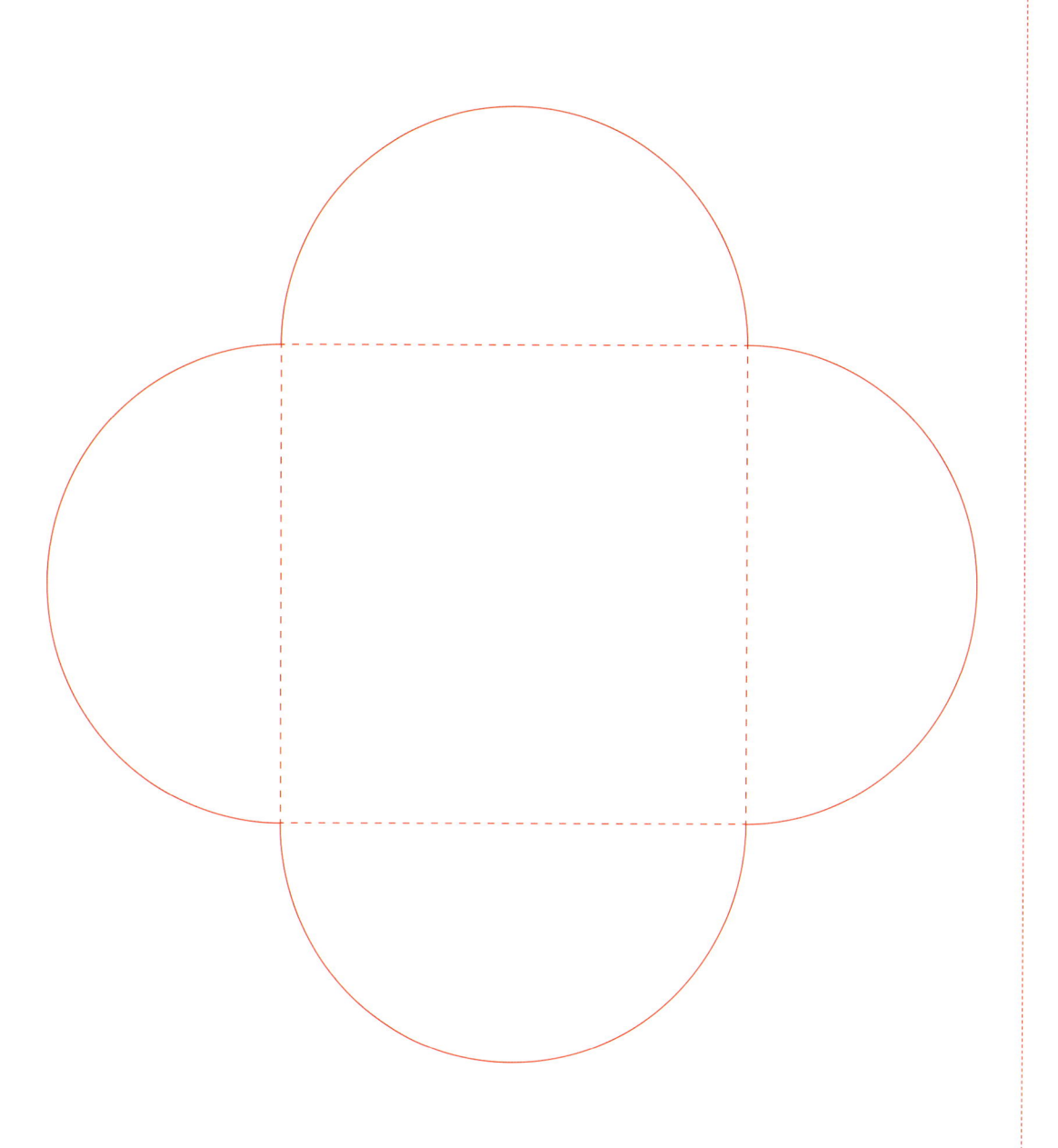

→ 111

DESIGN	→	Márcia Albuquerque & Carolina Terra
PROJETO	→	Convite de festa de aniversário
DESCRIÇÃO	→	Envelope em papel-cartão dúplex que contém uma lanterna chinesa.

→ 113

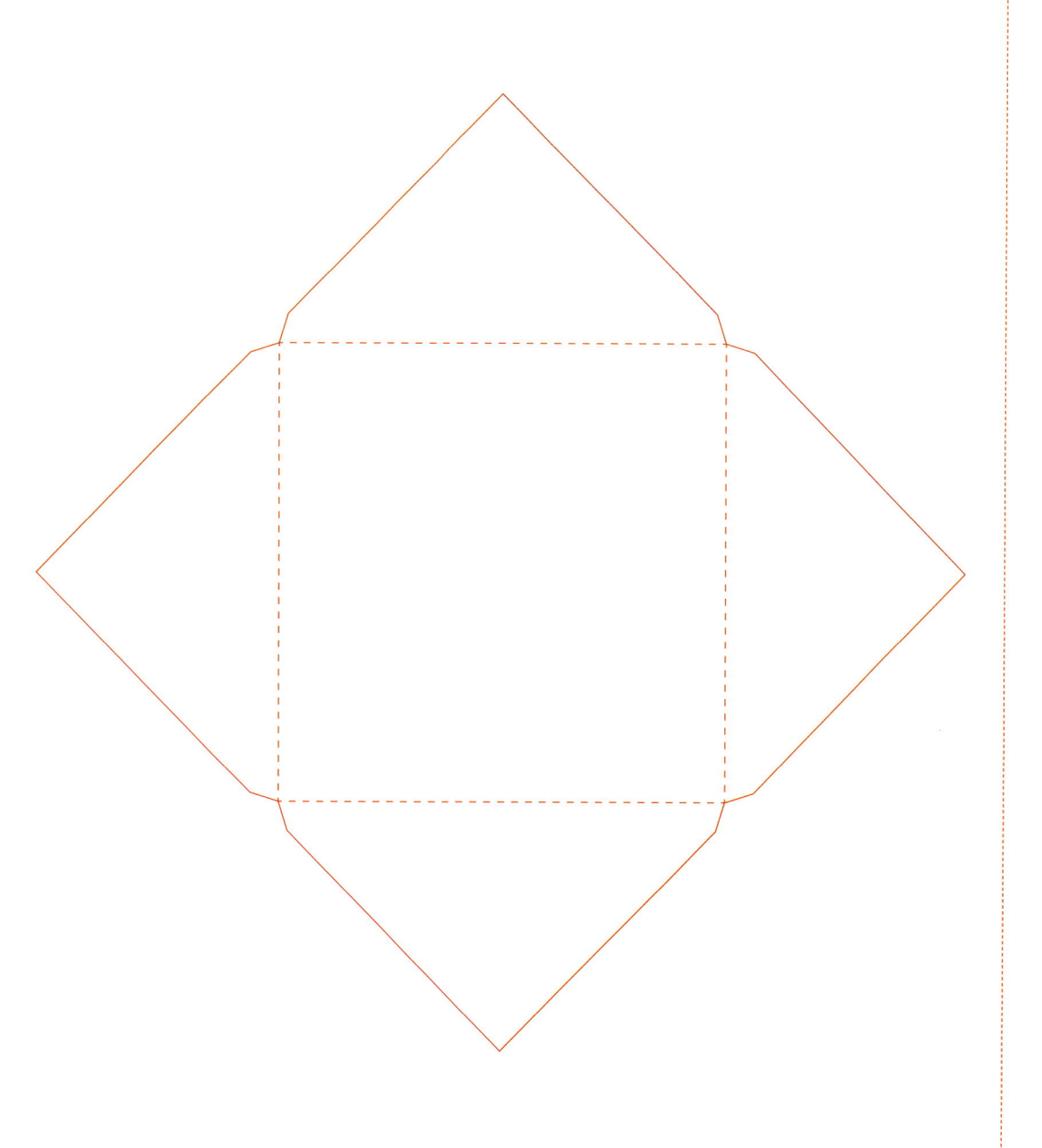

Katy Parkinson
Project & Conference Manager
t +44 (0)20 8487 2211
f +44 (0)20 8487 2311
kparkinson@richmondevents.com

On Monday 12 June, from 18:45hrs for lite bites and drinks, in the Library at The London Marriott, County Hall, followed by a spin on the London Eye at 21:00hrs

DESIGN	→	Bull Rodger
PROJETO	→	Convite
DESCRIÇÃO	→	Identidade de uma conferência de viagem realizada em um barco. Barquinho de papel simples feito com página de um folder de viagem.

→ 115

DESIGN	→	Carter Wong Tomlin
PROJETO	→	Convite
DESCRIÇÃO	→	A dobra paralela neste convite para a coletiva de imprensa da Royal Horticultural Society cria uma cerca viva com um galo pousado sobre ela.

→ 117

DESIGN	→	Peter Felder
PROJETO	→	Convite de festa de aniversário
DESCRIÇÃO	→	O convite abre-se ao meio convencionalmente em uma dobra-janela e então uma dobra diagonal faz com que o design abra-se em formato de "L".

→ 119

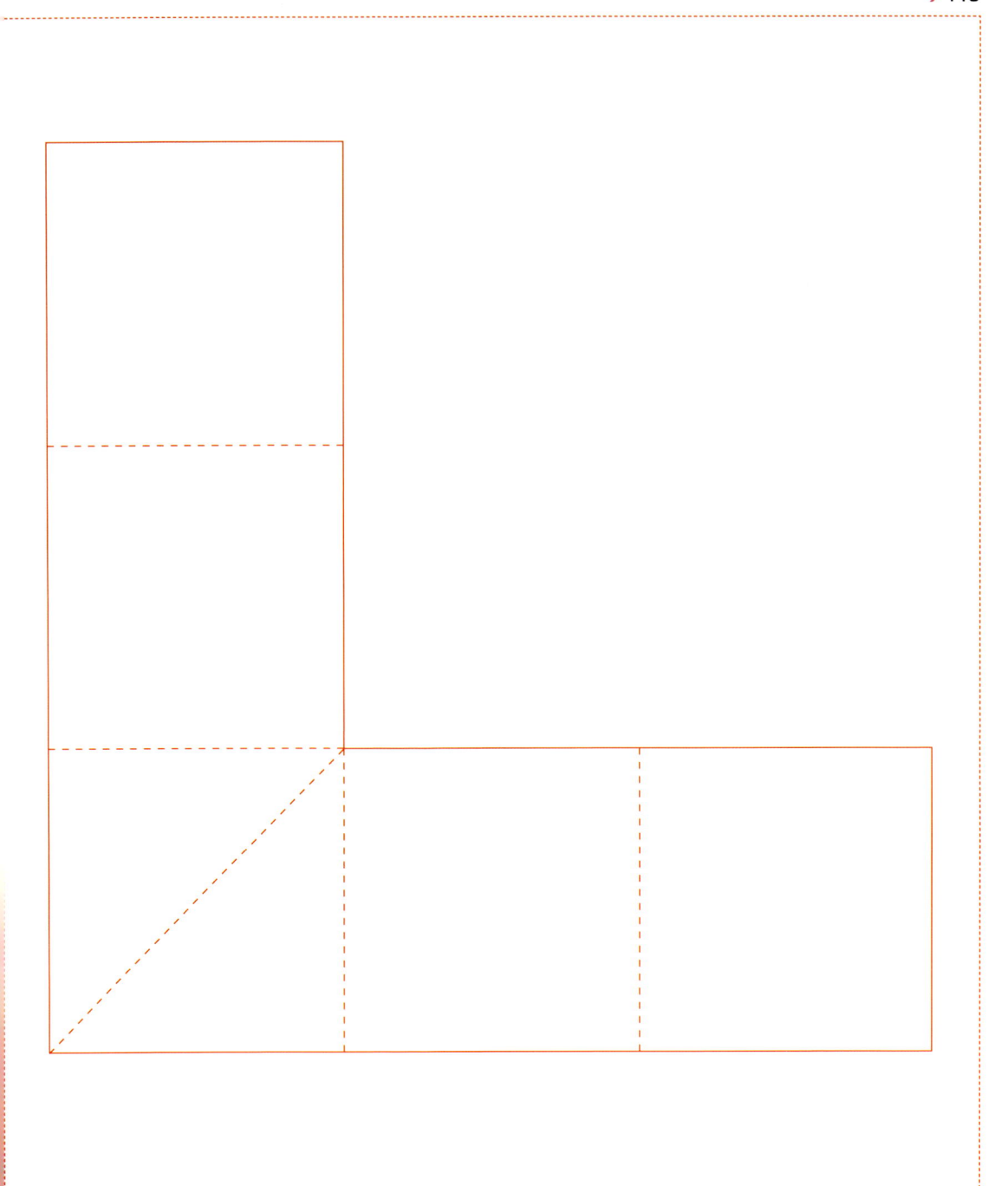

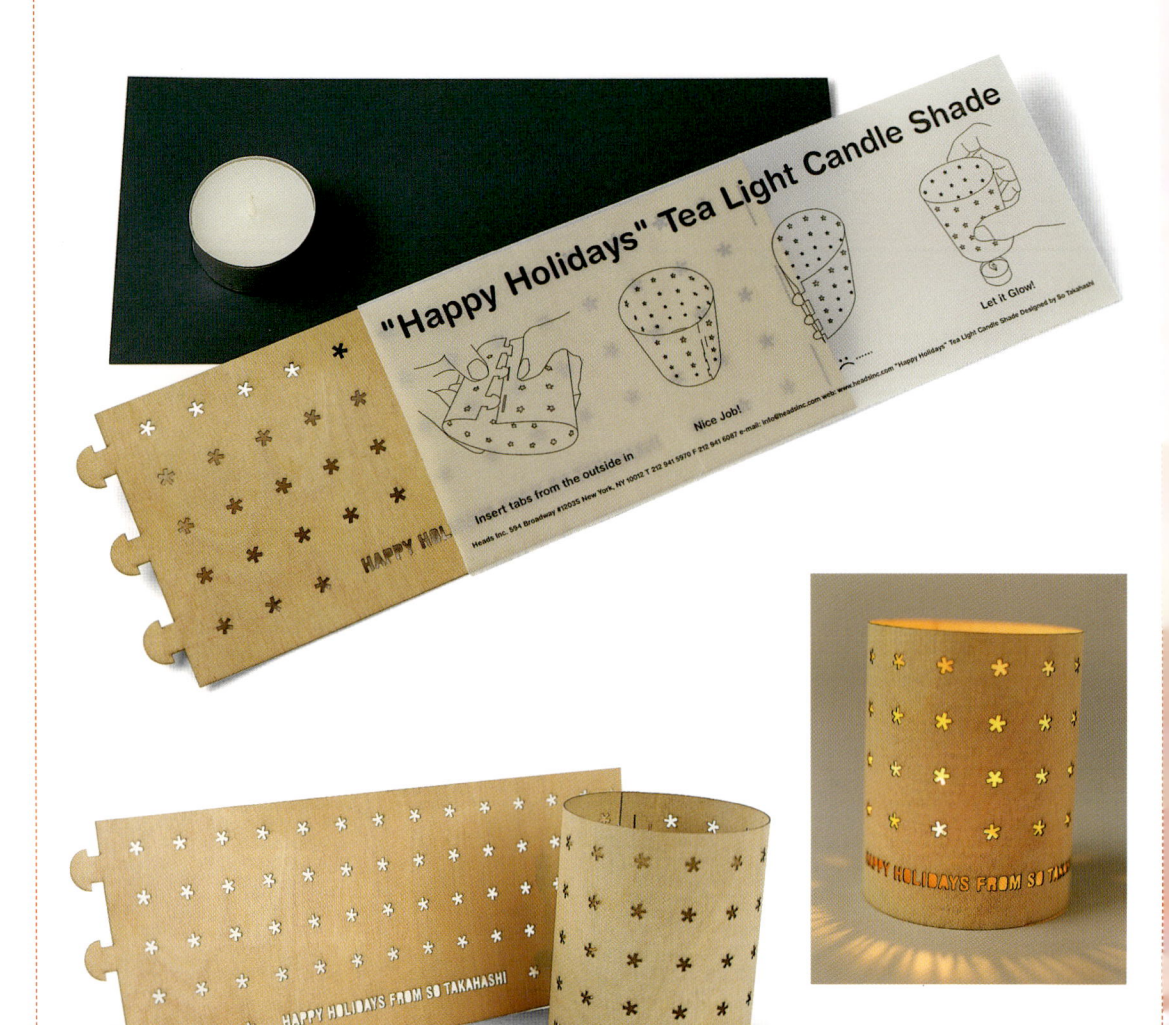

DESIGN	→	Heads, Inc.
PROJETO	→	Cartão comemorativo
DESCRIÇÃO	→	Compensado de bétula fino cortado a laser com um padrão geométrico para criar esta lanterna de vela.

HAPPY HOLIDAYS FROM SO TAKAHASHI

DESIGN	→	Sharp Communications
PROJETO	→	Convite
DESCRIÇÃO	→	Este envelope abre-se dos quatro lados e se desenrola em forma de agulha de bússola, com uma aba vermelha apontando para o norte.

→ 123

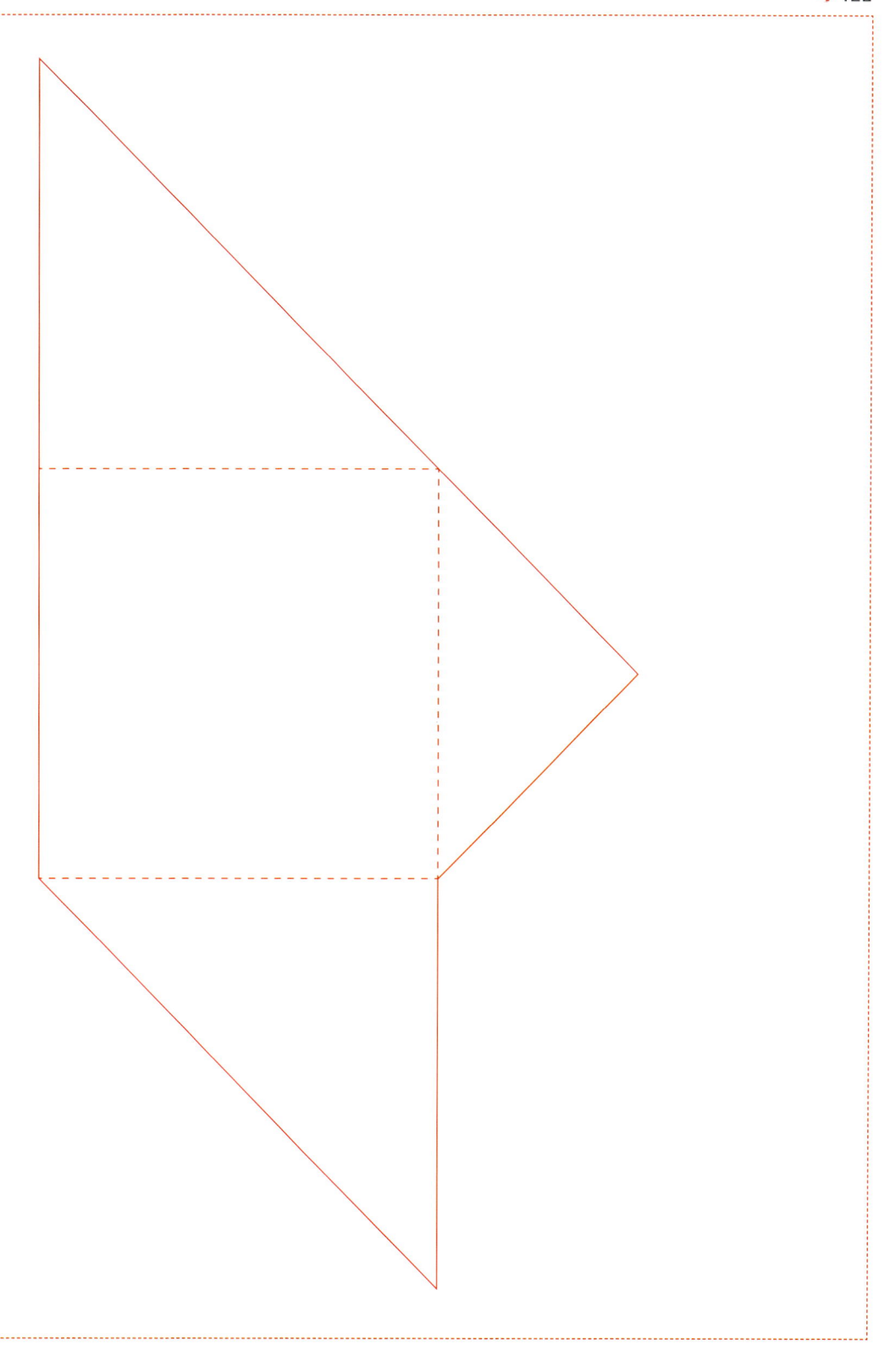

DESIGN	→	Goodesign
PROJETO	→	Convite de casamento
DESCRIÇÃO	→	Envelope em papel-cartão com quatro dobras que contém duas peças de convite. Este envelope elegante é selado com um adesivo circular.

→ 125

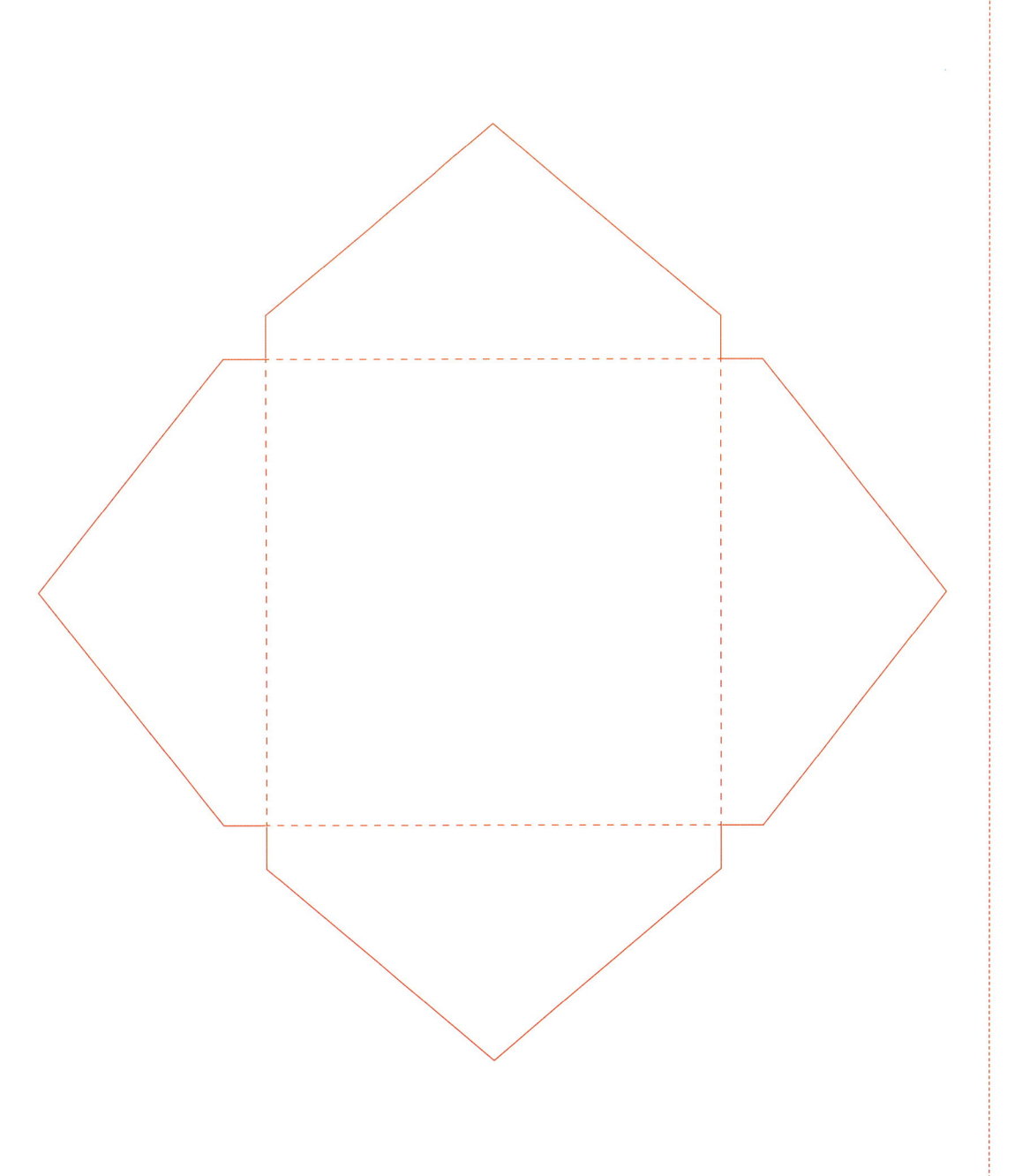

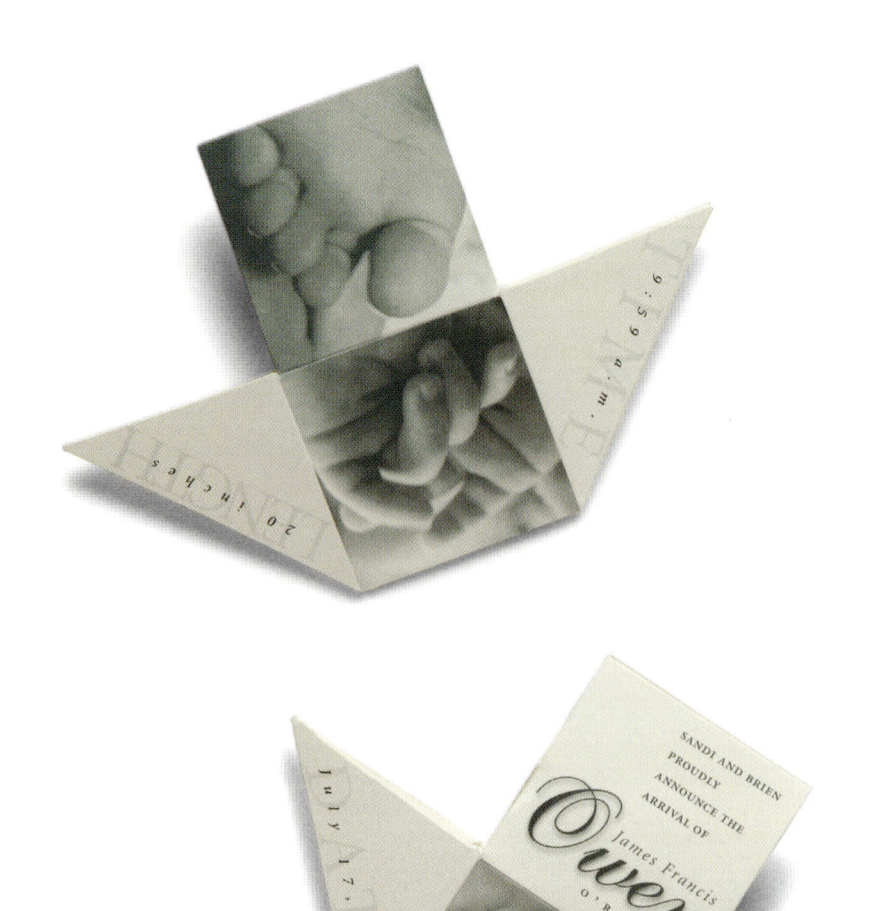

DESIGN	→	Tom Fowler, Inc.
PROJETO	→	Cartão de anúncio
DESCRIÇÃO	→	Este cartão distribuído em embalagem planificada transforma-se em um cubo tridimensional.

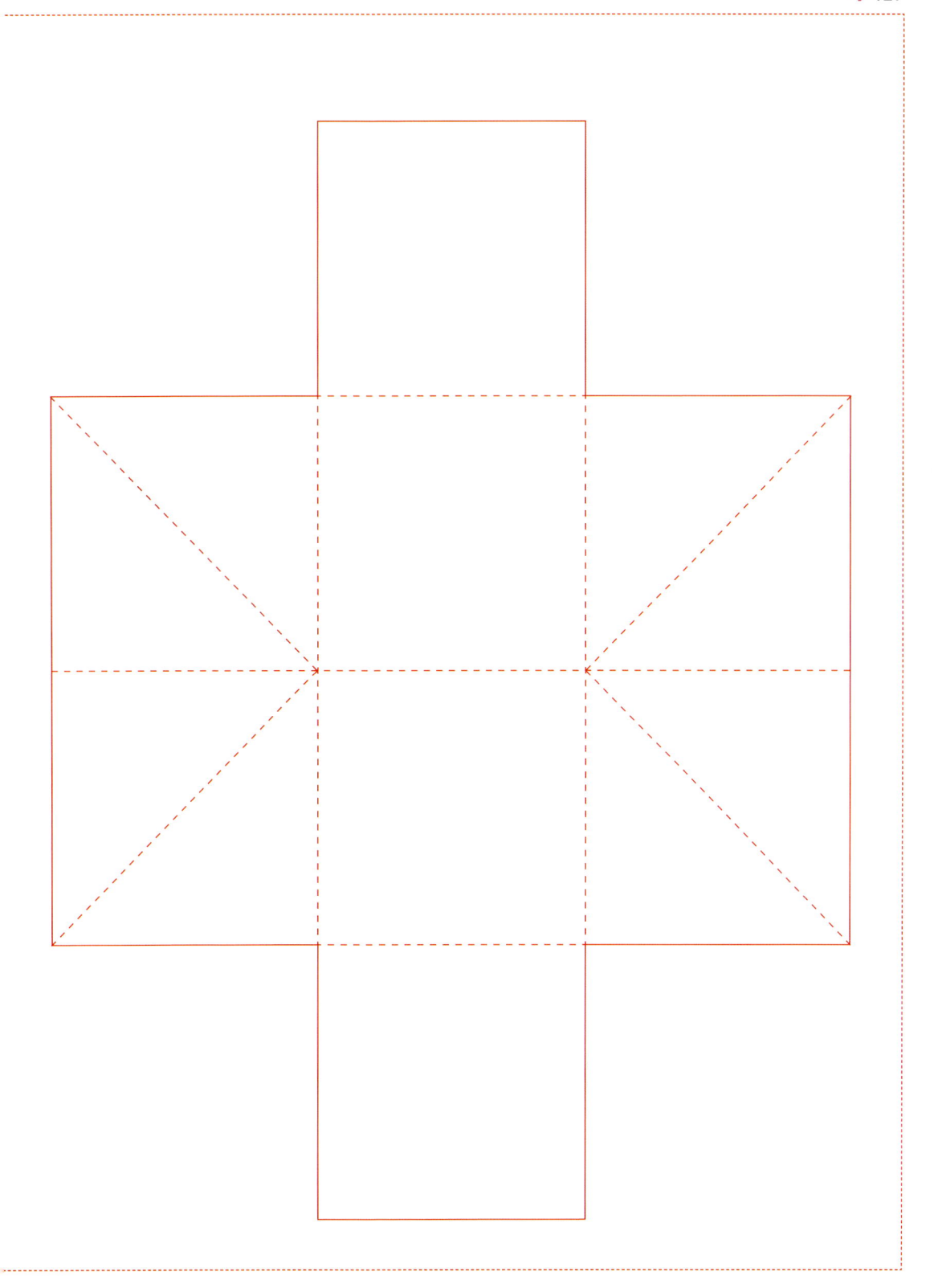

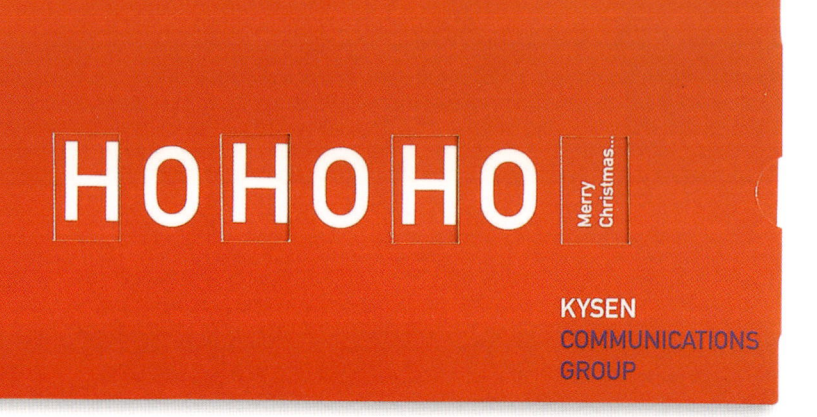

DESIGN	→	Kysen Communications Group
PROJETO	→	Cartão comemorativo
DESCRIÇÃO	→	Cartão deslizante que revela uma data quando movimentado.

→ 129

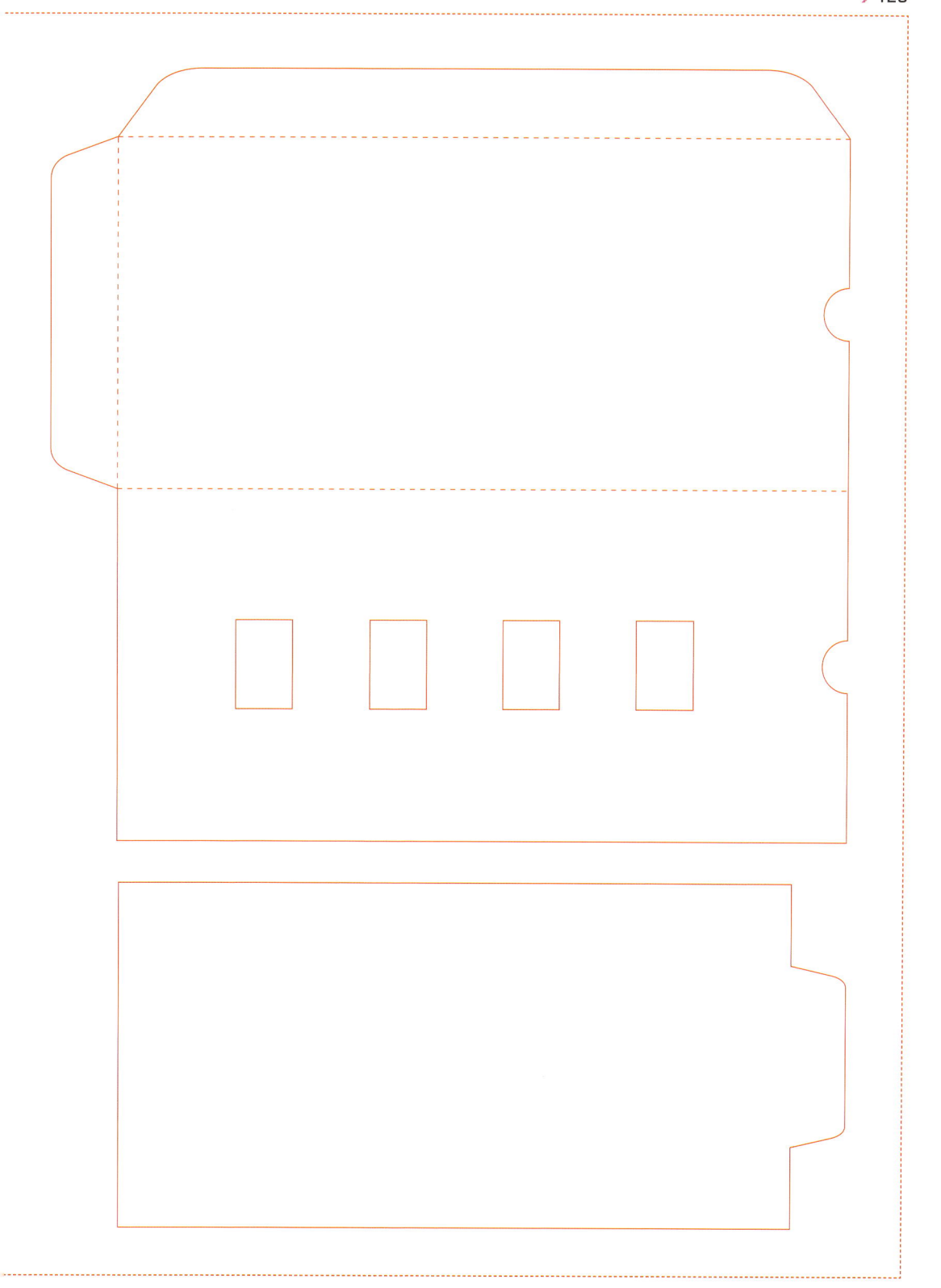

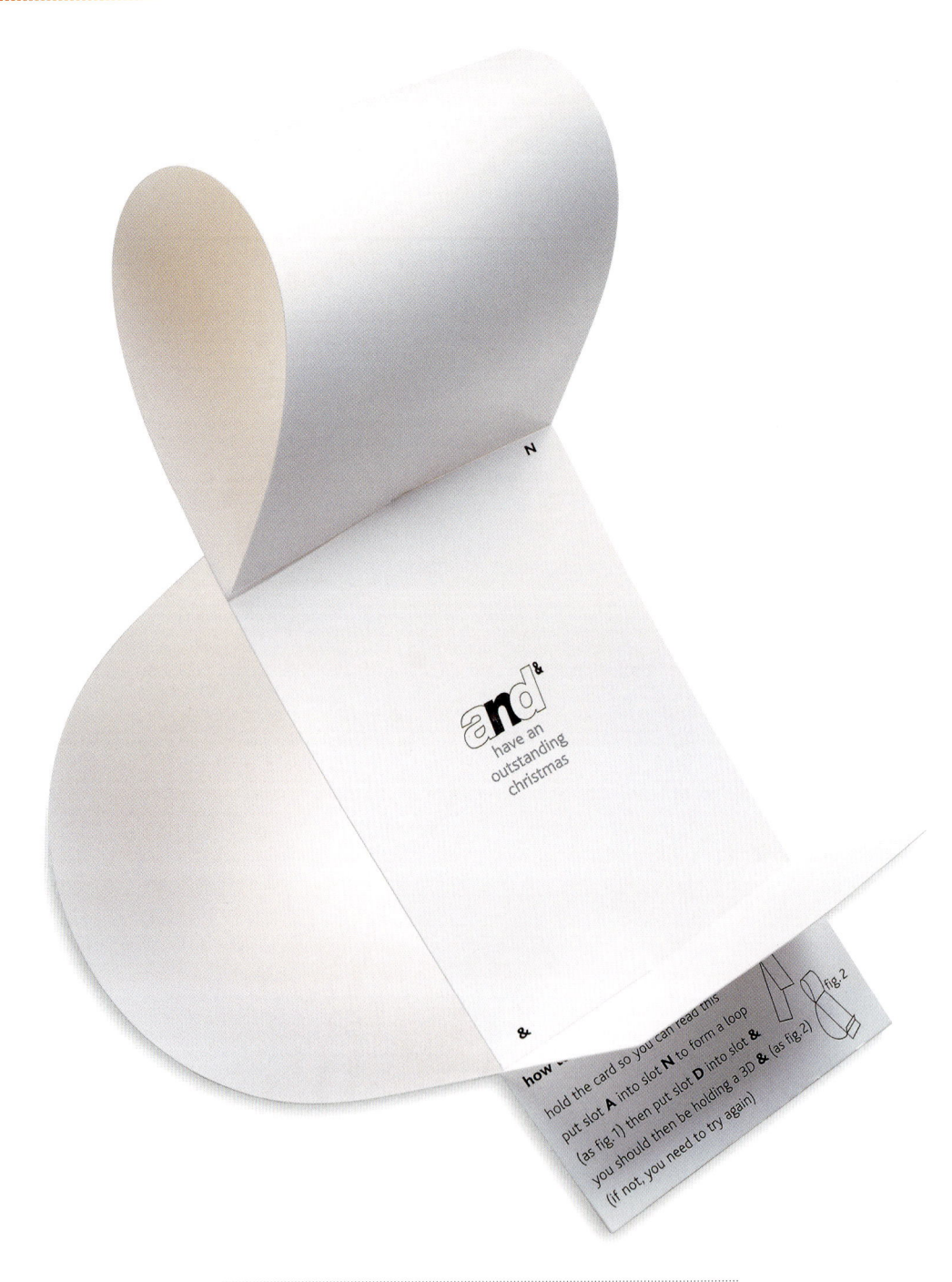

DESIGN	→	And Advertising
PROJETO	→	Cartão comemorativo
DESCRIÇÃO	→	Este cartão é dobrado para formar um "&" tridimensional.

131

DESIGN	→	Riordon Design
PROJETO	→	Calendário promocional
DESCRIÇÃO	→	Esta embalagem tem duas funções: serve tanto como caixa quanto como cavalete (apoio) de mesa. O sistema de fechamento, feito com botão de bolsa, também serve como gancho para o calendário.

→ **133**

DESIGN	→	Nassar Design
PROJETO	→	Convite
DESCRIÇÃO	→	Convite em etiqueta de metal embalado por um simples, porém elegante, envelope longo, com abas que se dobram umas sobre as outras.

→ 135

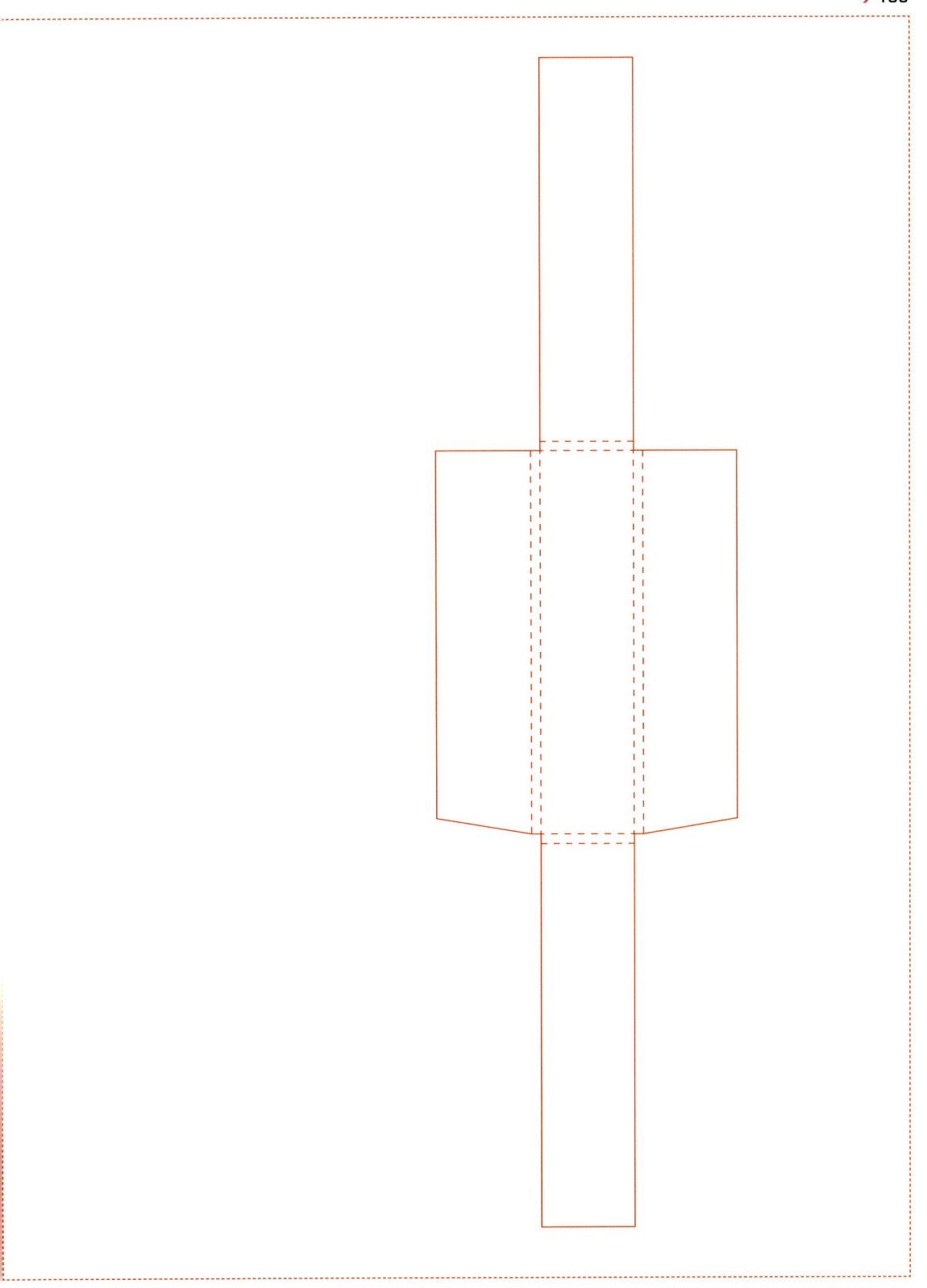

04

FOLHETOS E MALA-DIRETA

138 → FOLHETOS E MALA-DIRETA → TEMPLATES PARA DESIGN GRÁFICO E DESIGN DE EMBALAGENS

DESIGN	→	Riordon Design
PROJETO	→	Folheto promocional
DESCRIÇÃO	→	Este exemplo mostra como efeitos adicionais podem ser aplicados à dobra paralela. Cortes foram usados para criar letras tridimensionais.

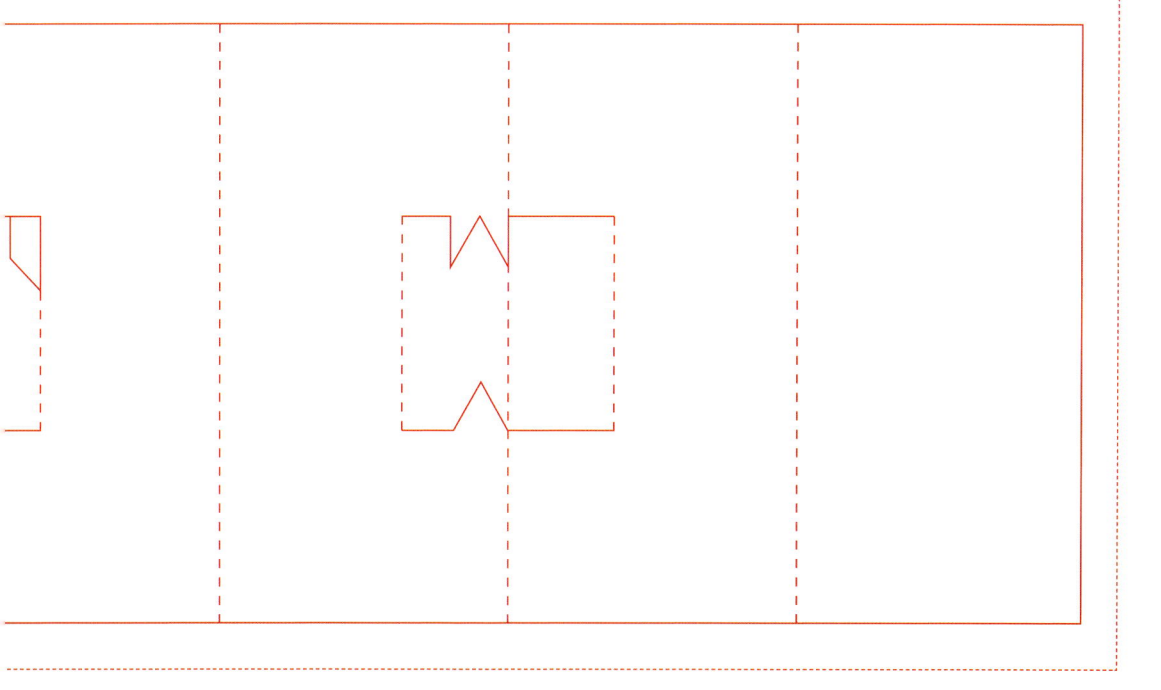

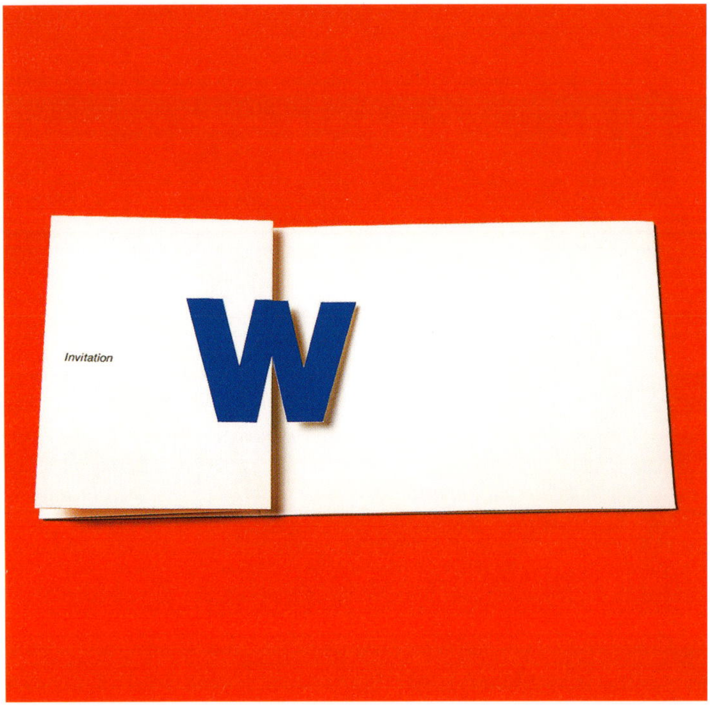
Invitation
W

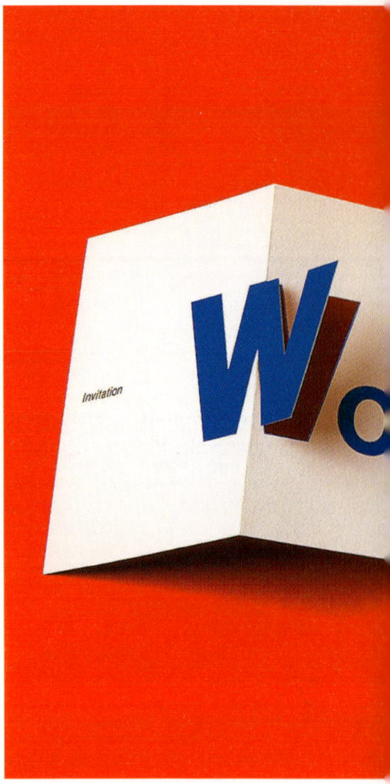
Invitation

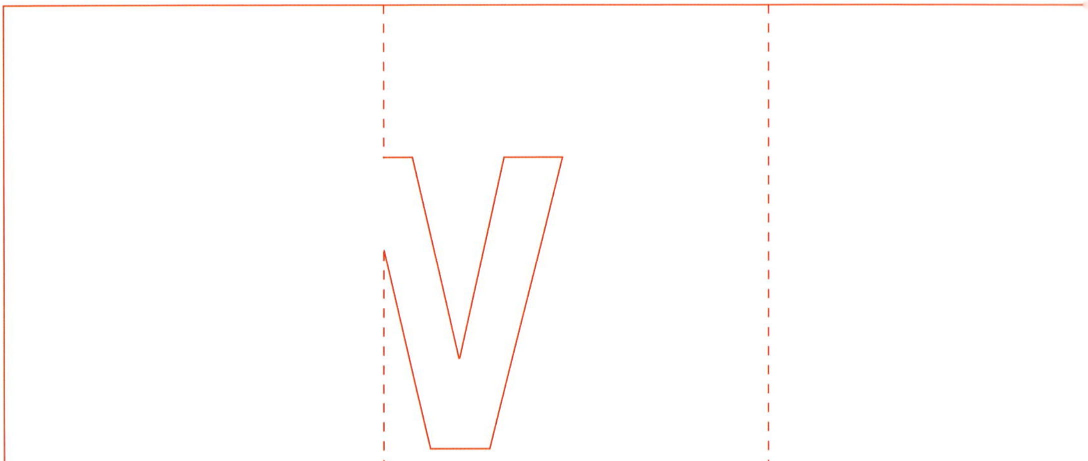

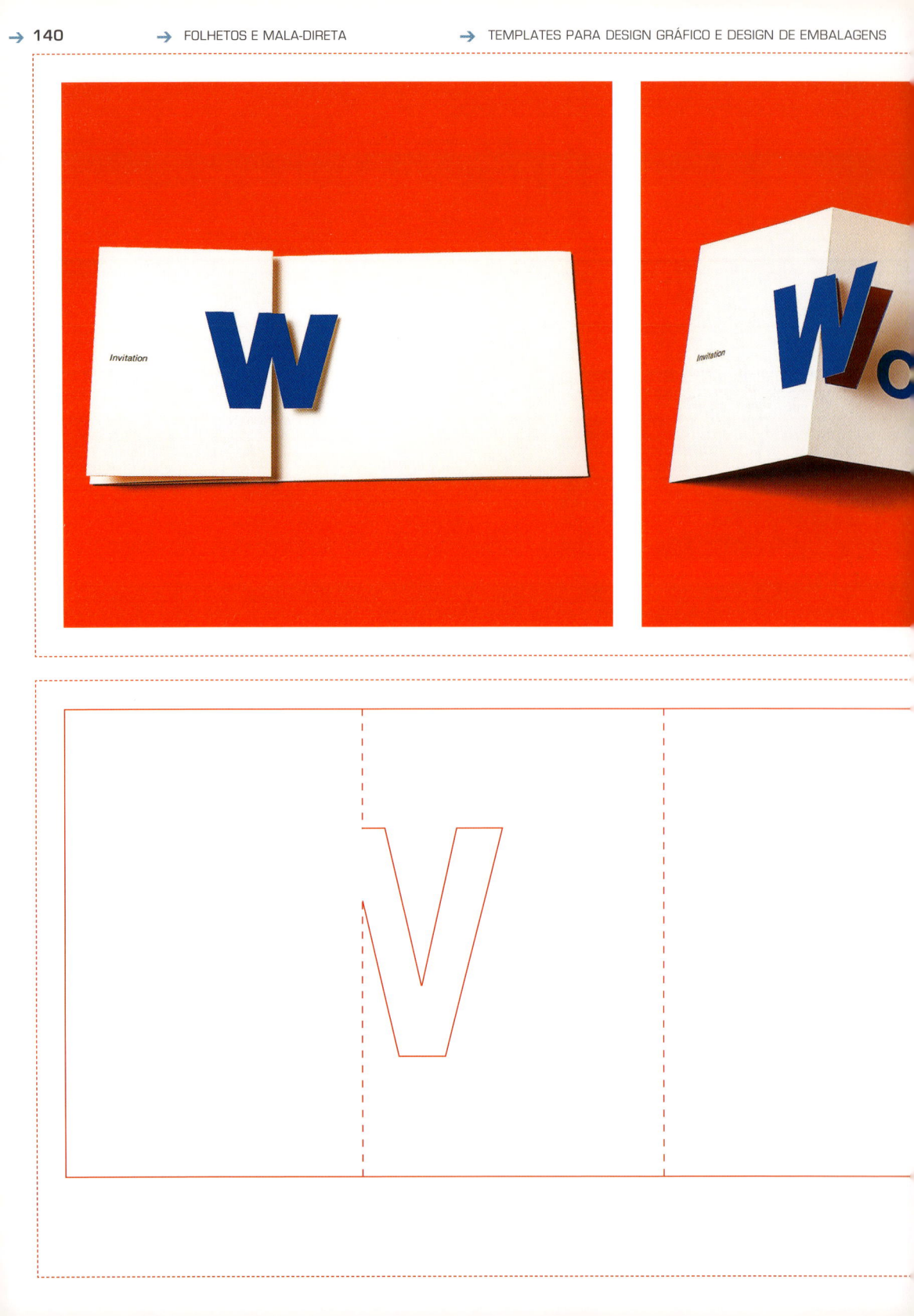

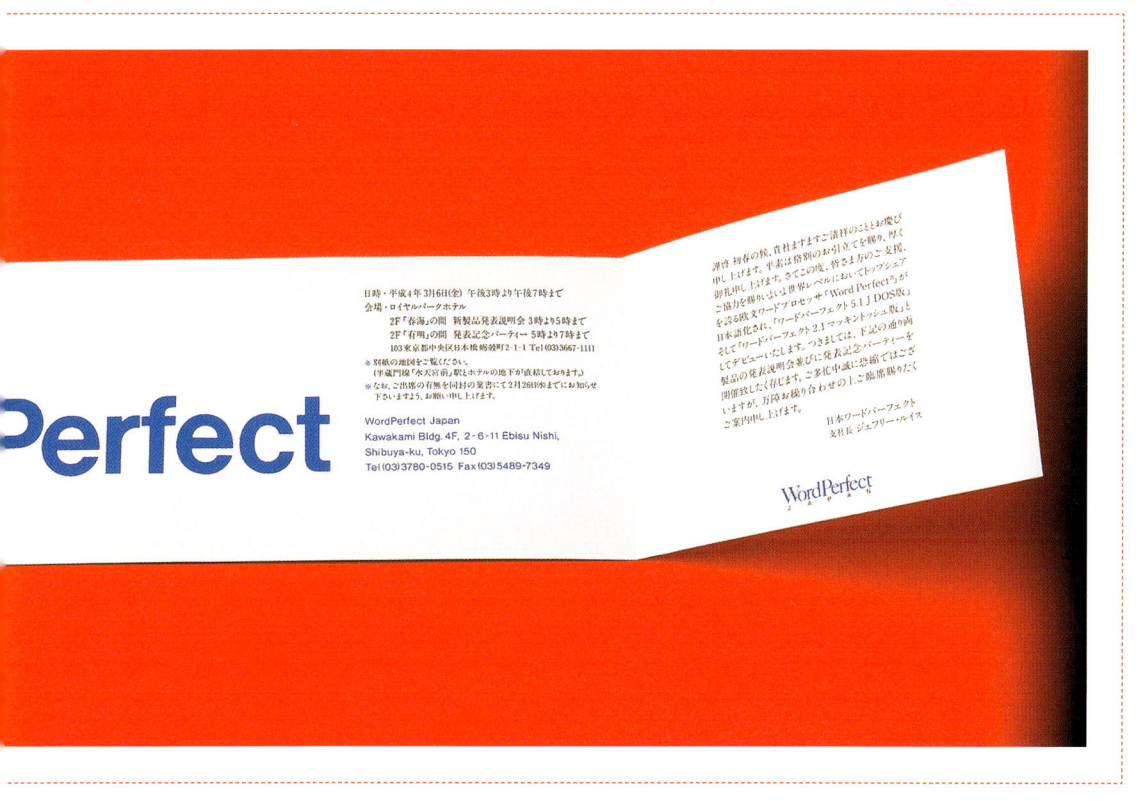

DESIGN	→	Zuan Club
PROJETO	→	Folheto
DESCRIÇÃO	→	Metade da letra recebeu um corte rente à borda. Quando a página é dobrada, a parte cortada do "W" se desprende e se posiciona sobre outro painel da página, criado pela dobra. Este é um uso muito inteligente e simples de corte e vinco que pode ser aplicado a inúmeras formas de letras.

142 → FOLHETOS E MALA-DIRETA → TEMPLATES PARA DESIGN GRÁFICO E DESIGN DE EMBALAGENS

DESIGN	→	Salterbaxter
PROJETO	→	Mala-direta
DESCRIÇÃO	→	Esta mala-direta é feita de um produto opaco semelhante ao plástico chamado Plasma Polycoat 350 Micron. Esse material é fornecido pela GF Smith e é muito popular entre designers gráficos. As duas metades foram cortadas para que se encaixassem perfeitamente.

DESIGN	→	Iris Associates
PROJETO	→	Cartões promocionais
DESCRIÇÃO	→	Pacote de cartões de boas festas desenhados para empolgar e estimular a diversão, unindo o espírito festivo da época do ano à promoção da criatividade do próprio escritório, a Iris.

DESIGN	→	Metalli Lindberg
PROJETO	→	Cartões promocionais
DESCRIÇÃO	→	Conjunto de 12 cartões que promovem o novo estúdio do grupo de design italiano Metalli Lindberg

→ 145

DESIGN	→	Zuan Club
PROJETO	→	Amostra promocional para fabricante de papel
DESCRIÇÃO	→	Um pedaço de papel recebeu corte especial e foi dobrado no formato de uma maleta, que funciona como porta-cartão de visitas. A maleta em si é uma amostra do papel Arjo Wiggins, demonstrando como o material é forte e ágil e, portanto, ideal para projetos com corte e vinco.

→ **147**

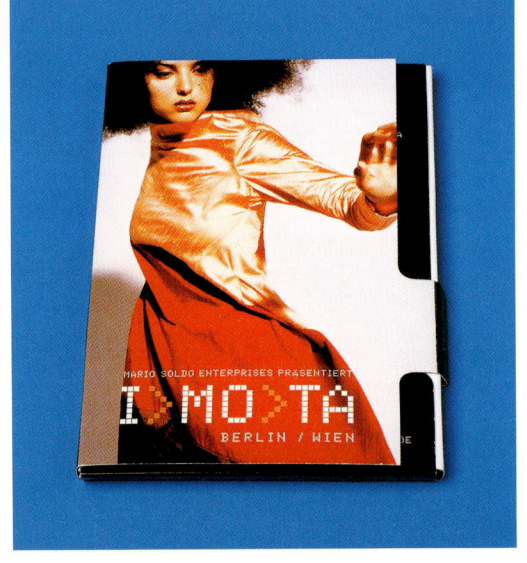

DESIGN	→	Eggers + Diaper
PROJETO	→	Cartões postais em uma pasta
DESCRIÇÃO	→	Este conjunto de cartões postais, usado na divulgação de um evento de moda, foi embalado em uma pasta com corte especial, que refere-se ironicamente a um cinto.

→ 149

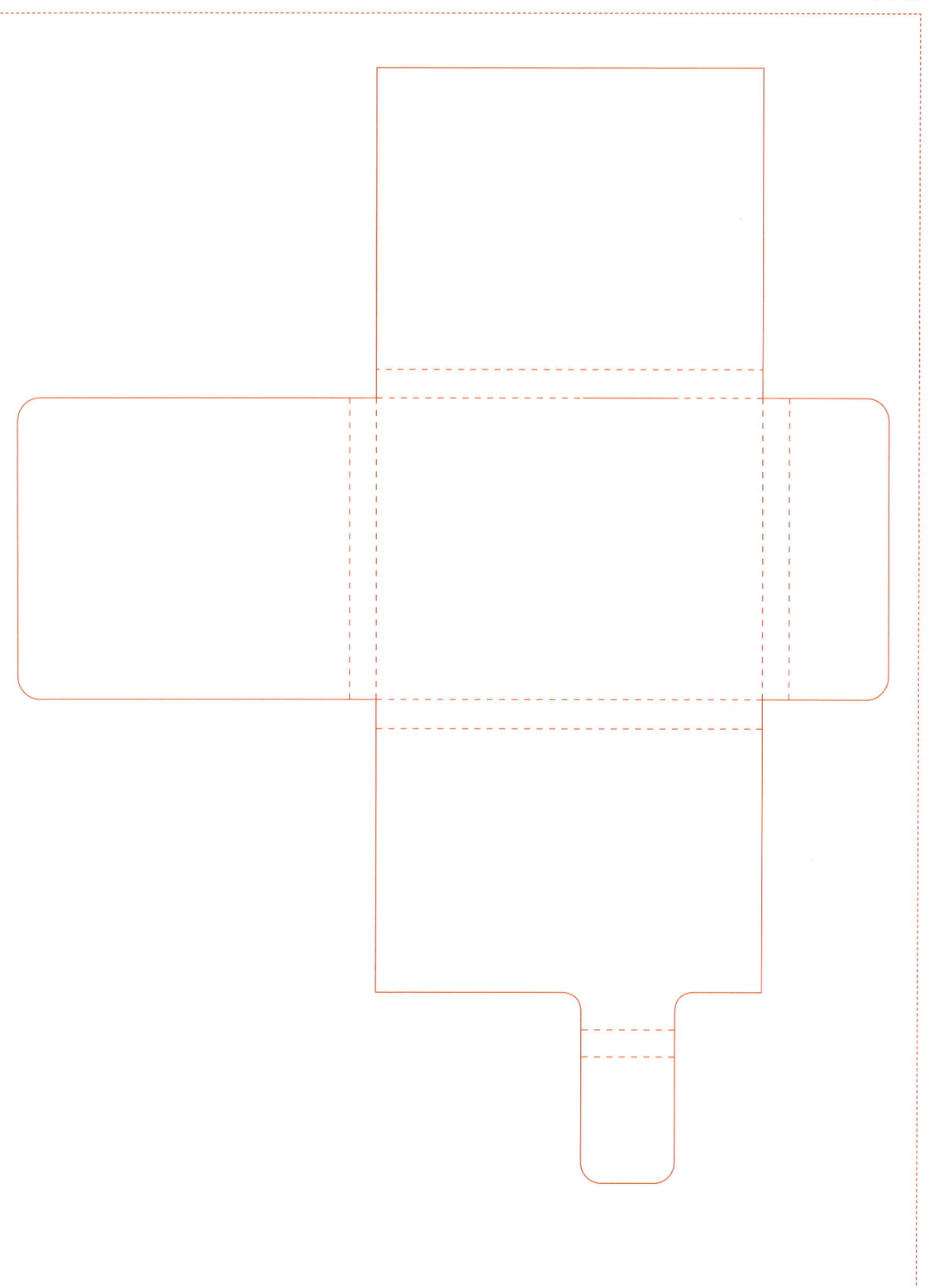

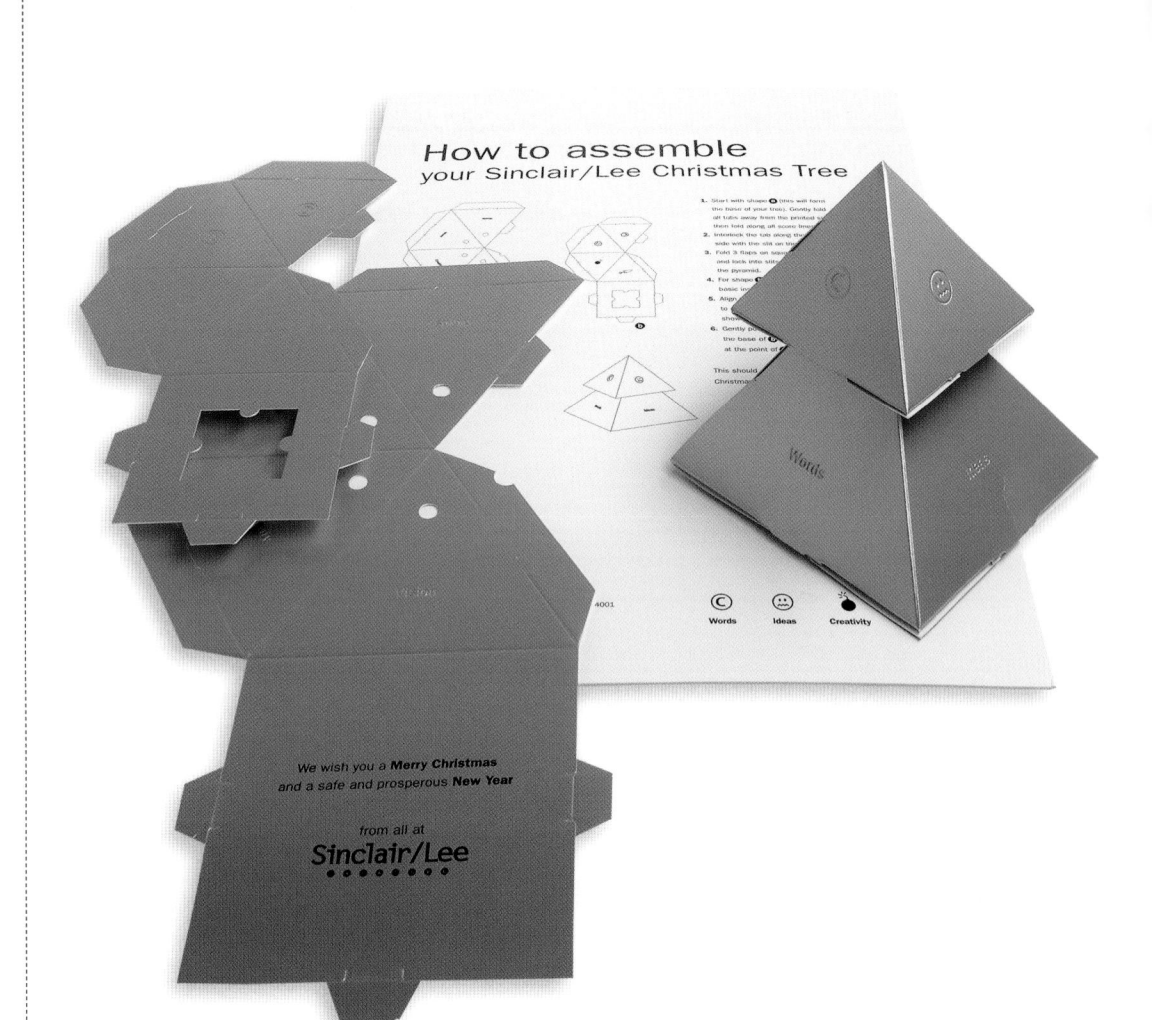

DESIGN	→	Sinclair/Lee
PROJETO	→	Mala-direta
DESCRIÇÃO	→	Cartão promocional tridimensional que deverá ser montado pelo destinatário.

→ 151

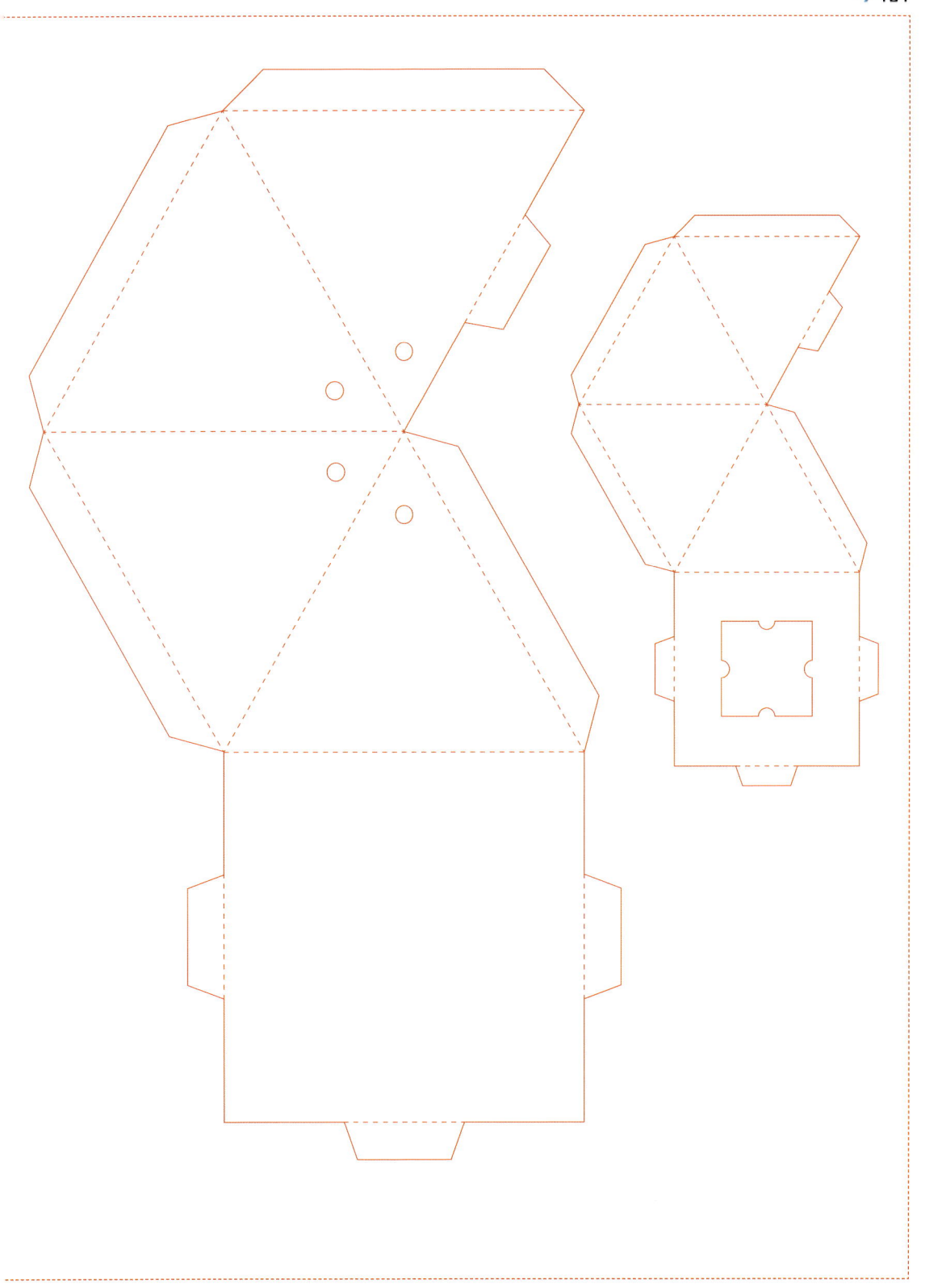

DESIGN	→	Secondary Modern
PROJETO	→	Panfleto
DESCRIÇÃO	→	Este panfleto abre-se em um pôster. A capa em papel-cartão fica no canto superior direito e no inferior esquerdo, por isso o título "Sandwich". O outro lado contém um ensaio. Este é um jeito muito simples e eficaz de apresentar a informação.

DESIGN	→	NB: Studio
PROJETO	→	Mala-direta
DESCRIÇÃO	→	Mala-direta com corte especial do Almeida Theatre, Londres. Esta peça muito inteligente mostra a figura vazada de uma pessoa sentada em um banco. A produção desta mala-direta teve de ser simplificada devido ao orçamento limitado do teatro e, portanto, teve um custo baixo.

→ **155**

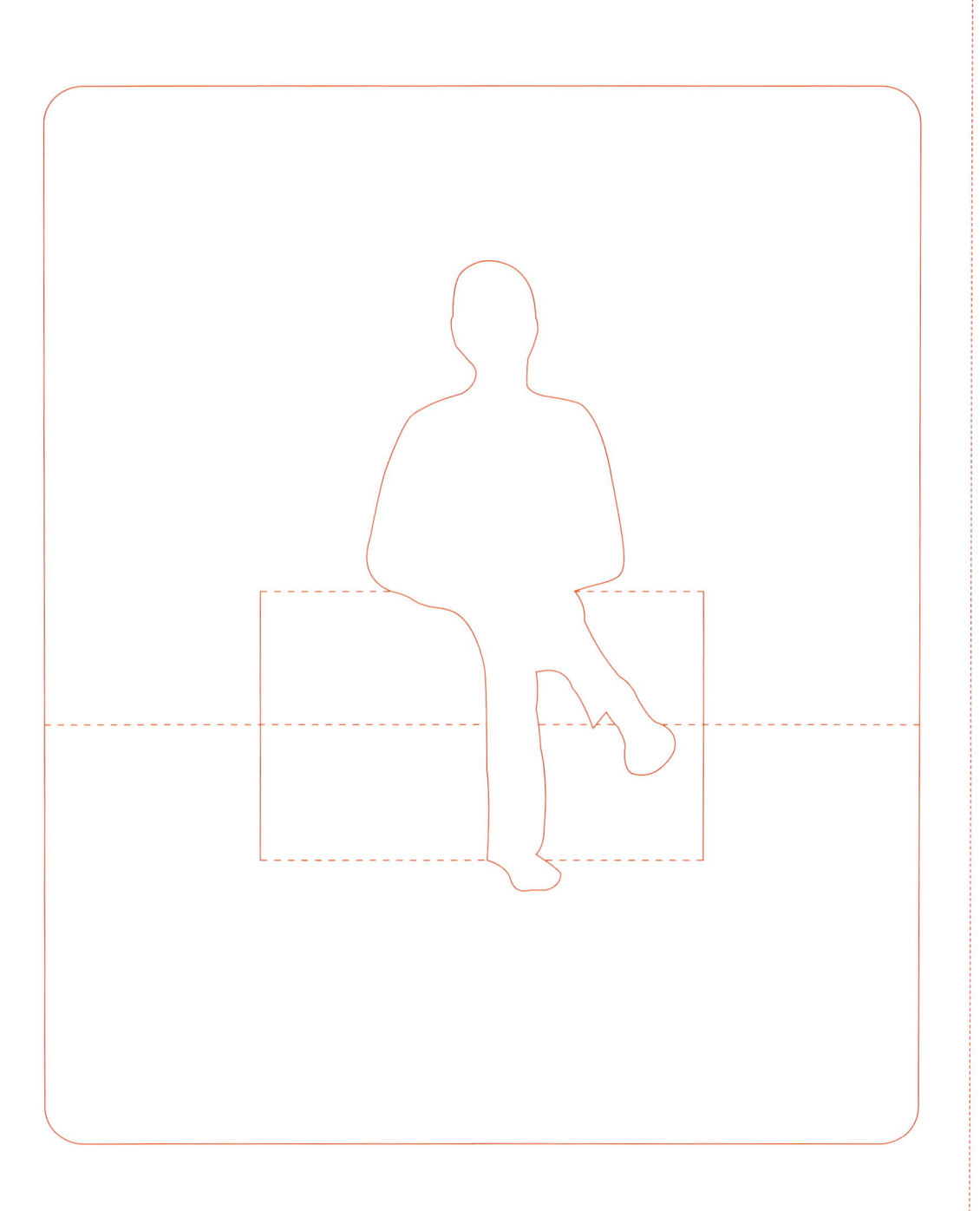

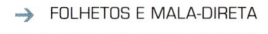

DESIGN	→	Design 5
PROJETO	→	Mala-direta em papel-cartão
DESCRIÇÃO	→	Mala-direta em cartão simples, com corte especial e dobra sanfona.

→ 157

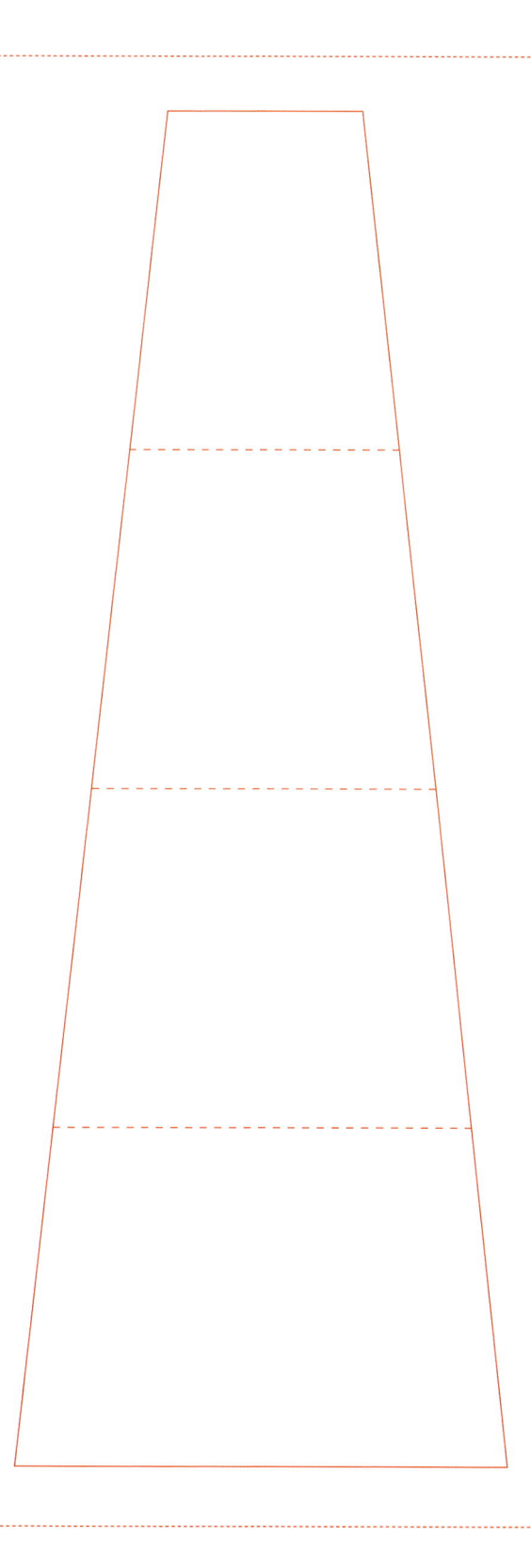

DESIGN	→	Artistic Announcements
PROJETO	→	Calendário
DESCRIÇÃO	→	Esta mala-direta deve ser dobrada e montada em cubo, transformando-se, ao mesmo tempo, em um cartão de boas festas e um calendário de mesa.

→ 159

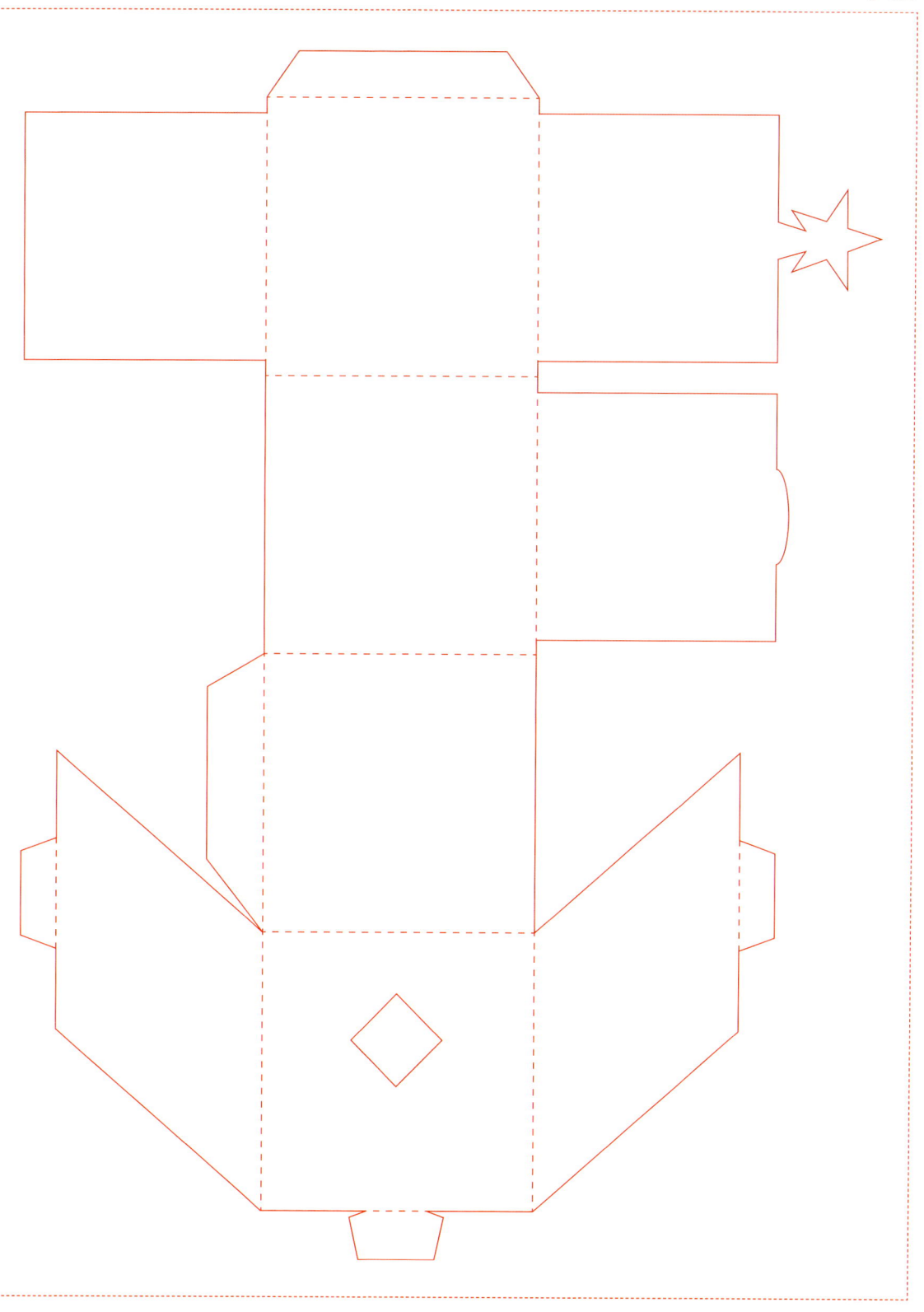

DESIGN	→	Zuan Club
PROJETO	→	Folheto de casa noturna
DESCRIÇÃO	→	Folheto e convite de uma casa noturna japonesa. Aberto o cartão, as figuras se desdobram e parecem saltar, dando ao cartão pop-up um ar de empolgação. A energia transmitida pelo papel e pelas dobras dão vida à página e transmitem o clima de festa da casa.

→ 161

DESIGN	→	Coley Porter Bell
PROJETO	→	Cartão de mudança de endereço
DESCRIÇÃO	→	Esta mensagem RSVP brinca com o sentido da palavra "pop" em inglês. Ela é uma chamada para a ação – "Please pop round for drinks", em português, "Por favor, apareça [no bar] para bebidas" –, mas também pede para que o convidado destaque (em inglês, "pop out") o disco. A seção RSVP é uma janela com corte especial, em papel Dutchman Smooth gramatura 300 g/m². Ela foi cortada, vincada e dobrada de modo a criar um mecanismo de fechamento. O mecanismo de resposta pede para que os convidados escolham entre duas opções, escritas em estilo sarcástico, e o envie em um envelope pré-pago.

→ 163

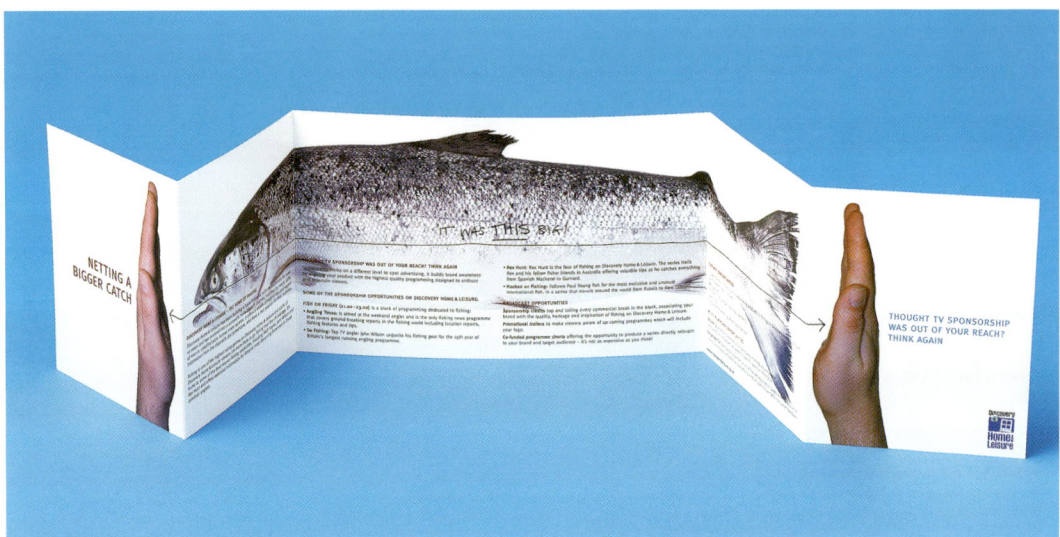

DESIGN	→	Salterbaxter
PROJETO	→	Mala-direta
DESCRIÇÃO	→	Mala-direta com dobra-janela dupla em que dois painéis, um de cada lado de um painel maior, dobram-se simetricamente, encontrando-se no meio do painel maior.

DESIGN	→	Ford & Earl Associates
PROJETO	→	Mala-direta
DESCRIÇÃO	→	Cartão entrelaçado com dobra sanfona. Este cartão é enviado planificado e não precisa de montagem.

→ 167

DESIGN	→	General Public
PROJETO	→	Mala-direta promocional
DESCRIÇÃO	→	Este cartão em papel não revestido, manchado, de alta gramatura abre-se para revelar o pequeno folder da empresa.

→ 169

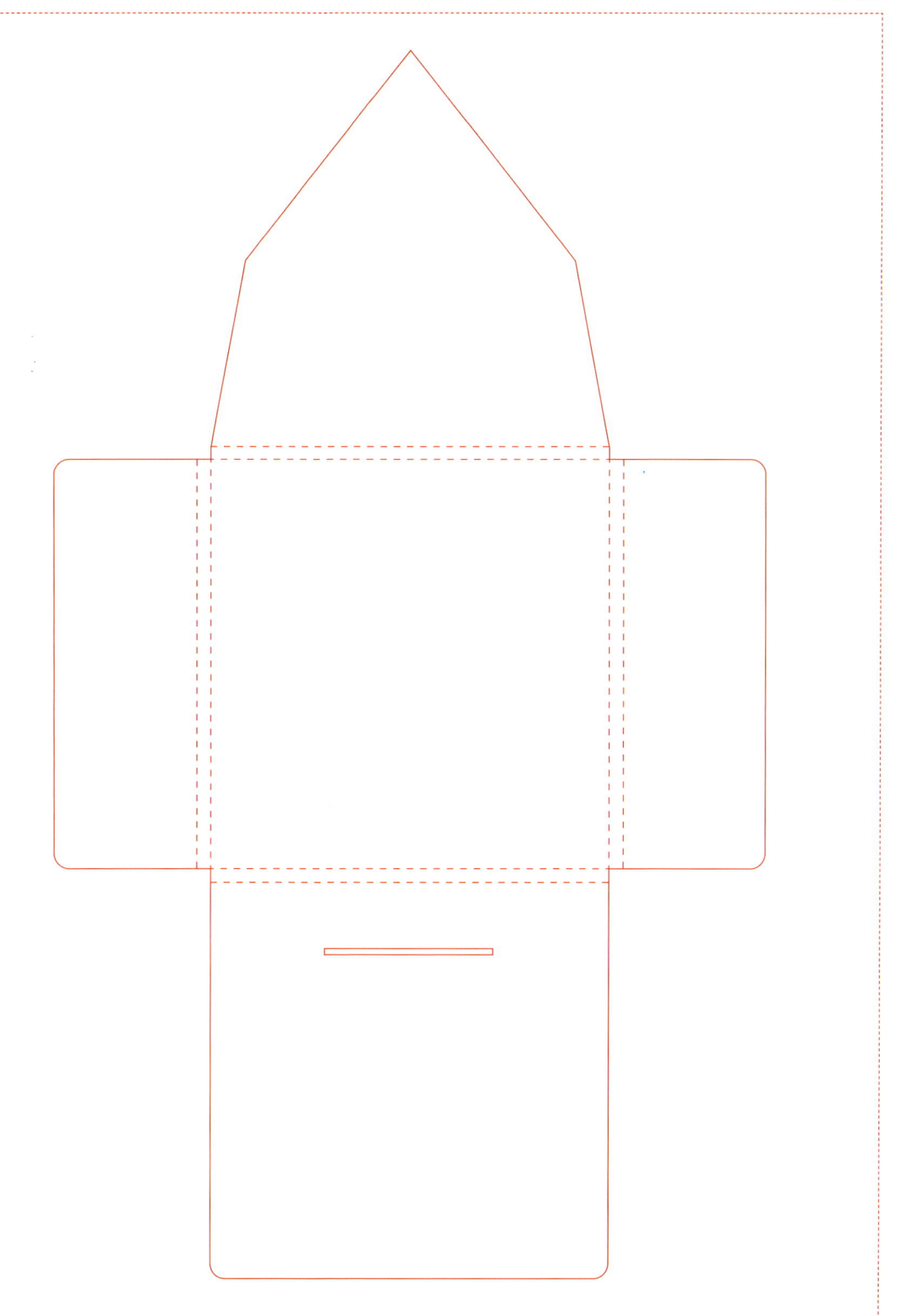

05

CDS E DVDS

DESIGN	→	Bombshelter Design
PROJETO	→	Luva do CD de Joseph Arthur para a Virgin Records
DESCRIÇÃO	→	Luva com dobra janela de seis painéis, com impressão em tintas metalizadas sobre cartão não revestido.

→ **173**

DESIGN	→	Stephen Byram
PROJETO	→	Capa do CD de Tim Berne, Tom Rainey e Drew Gress
DESCRIÇÃO	→	Luva em papel-cartão artesanal (não branqueado) com bolso.

→ 175

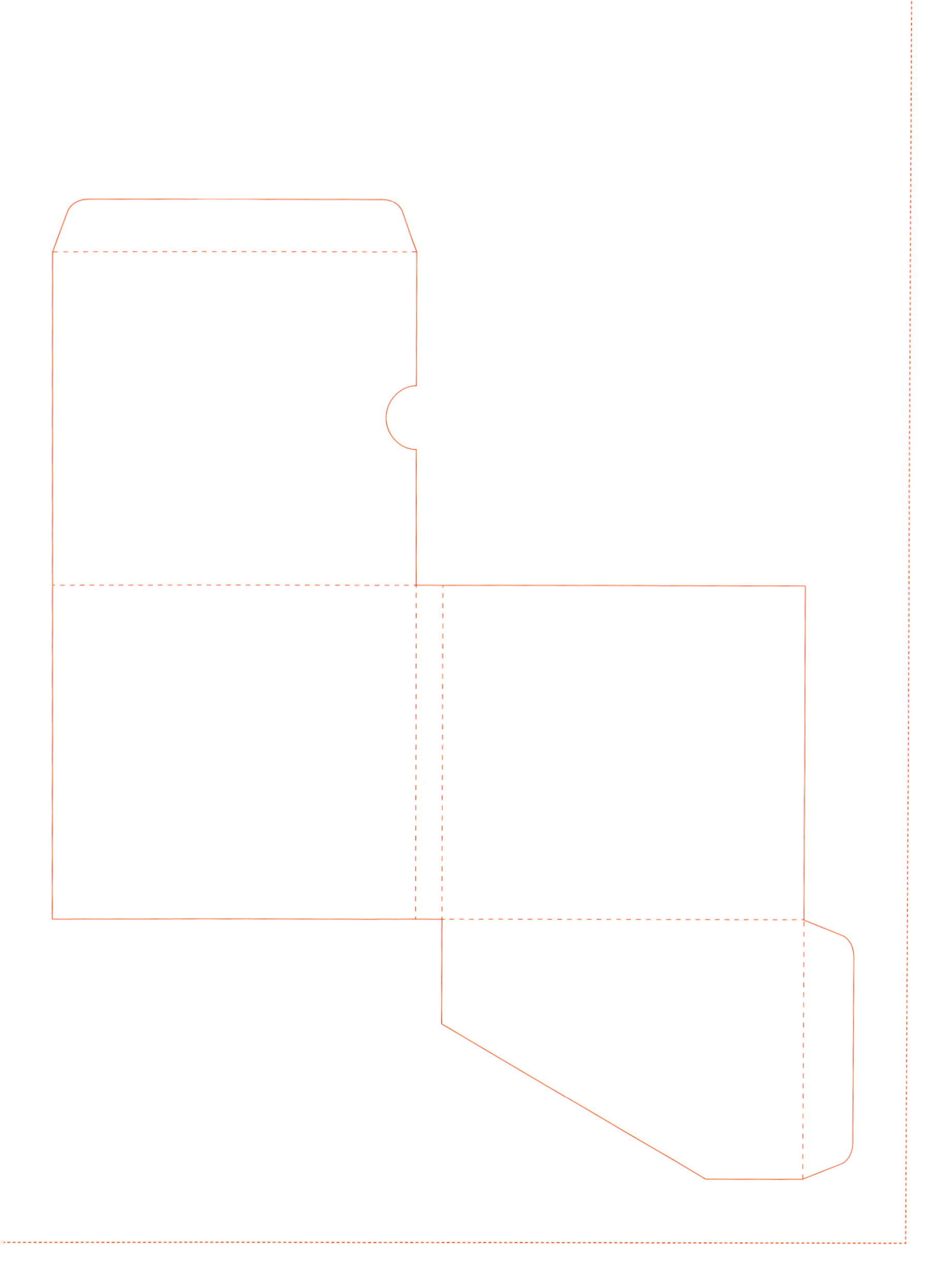

DESIGN	→	Aaron McConomy
PROJETO	→	Luva de CD para Tomas Jirku, intr_version records
DESCRIÇÃO	→	A capa do CD foi inspirada em uma cartela de fósforos e utiliza os mesmos princípios de costura e de abertura.

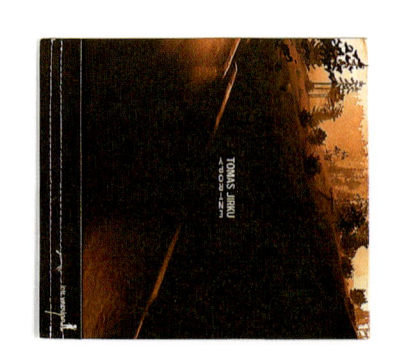

→ 177

DESIGN	→	John Shachter with Hans Seeger
PROJETO	→	Embalagem do CD Pulseprogramming
DESCRIÇÃO	→	Kit Tyvek® de maquete de casa. Esta peça foi feita para ser aberta e montada, formando uma casa tridimensional.

→ 179

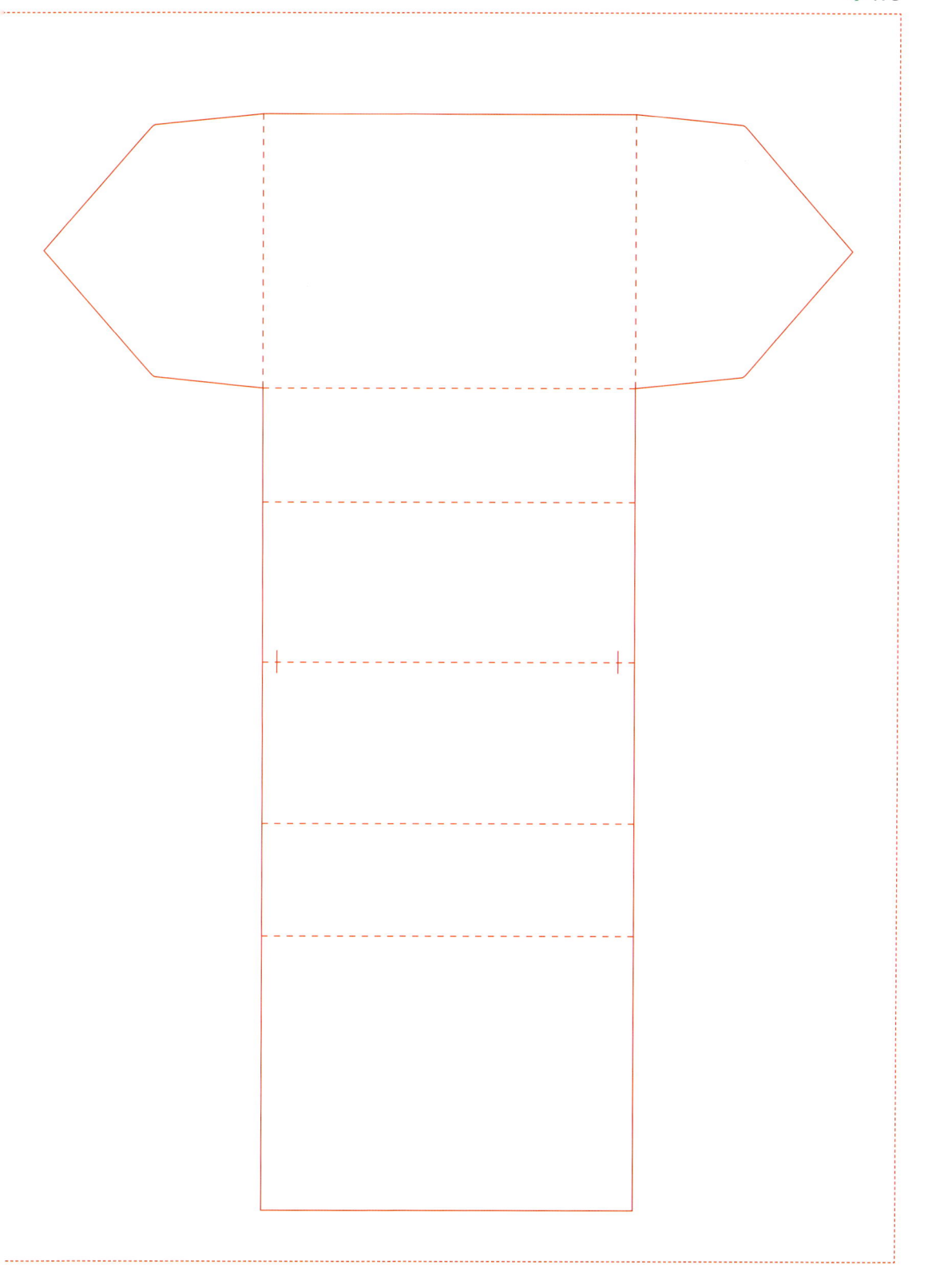

DESIGN	→	TGB Design
PROJETO	→	Embalagem de CD para Andrei Zueff
DESCRIÇÃO	→	Feita inteiramente em papel-cartão, esta embalagem é um ótimo exemplo de alternativa ao case padrão. Ela é sólida, resistente e protege o CD de arranhões, pois ele fica suspenso.

→ 181

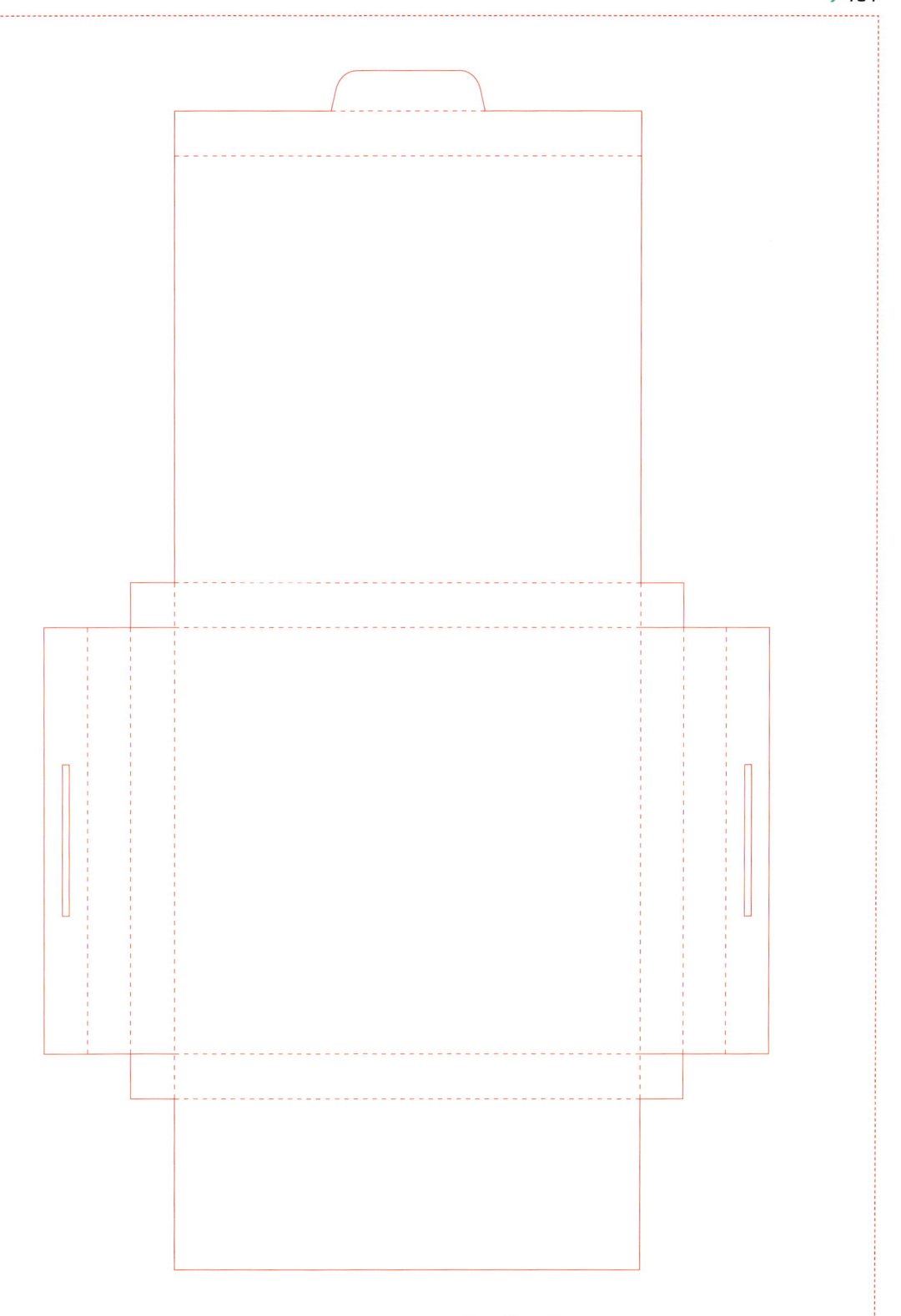

DESIGN	→	Laurent Seroussi
PROJETO	→	Capa do CD da banda No One is Innocent
DESCRIÇÃO	→	Estojo de CD com quatro abas.

→ 183

DESIGN	→	Nike/Neverstop/C505
PROJETO	→	DVD promocional da Nike
DESCRIÇÃO	→	Embalagem feita com material de caixa de ovos. Para completar o visual, o DVD é impresso com ilustração de ovos.

→ 185

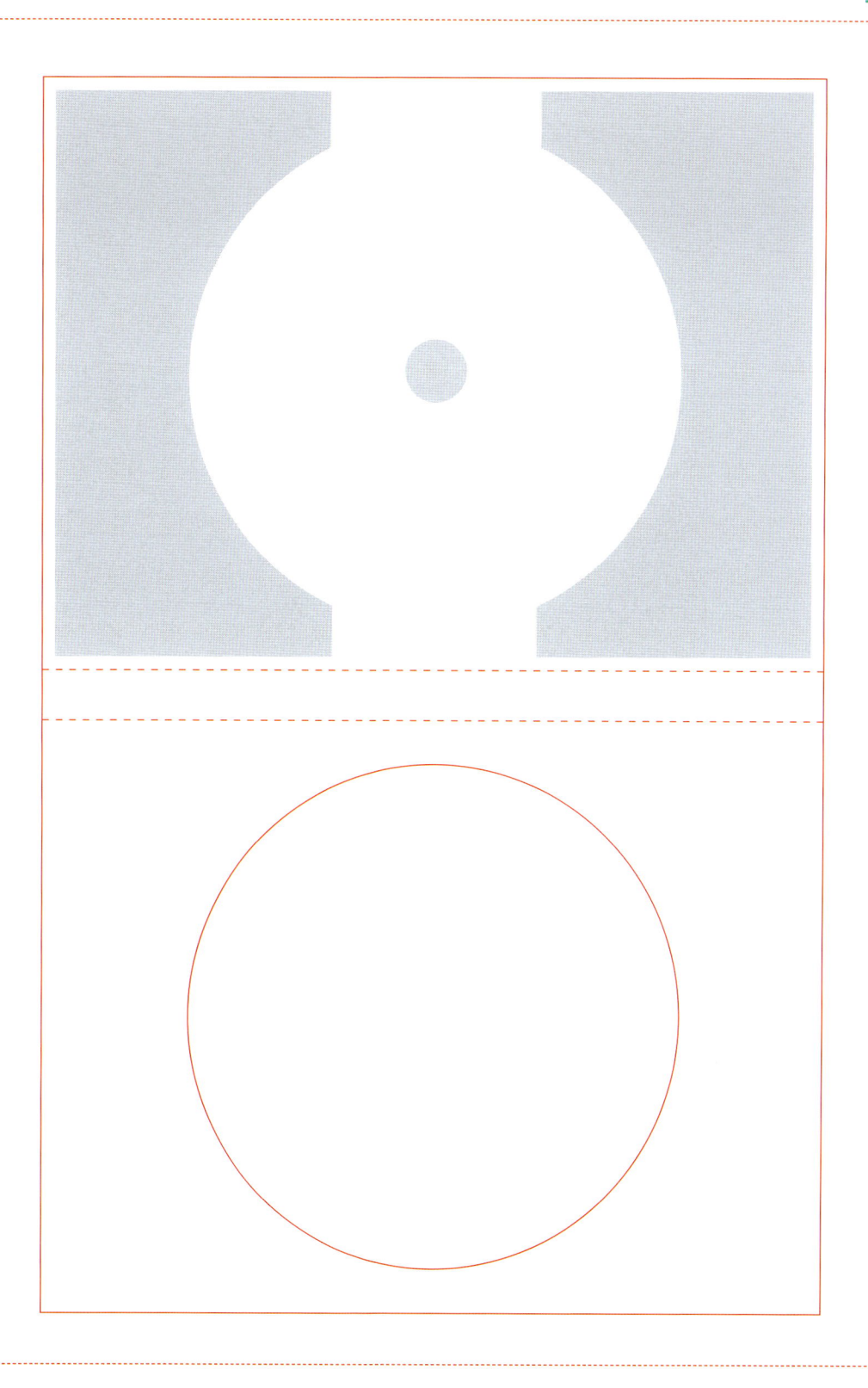

DESIGN	→	Pao & Paws
PROJETO	→	Embalagem de DVD de David Tao
DESCRIÇÃO	→	O encarte em papel-cartão artesanal se abre em duas partes para revelar o DVD.

→ 187

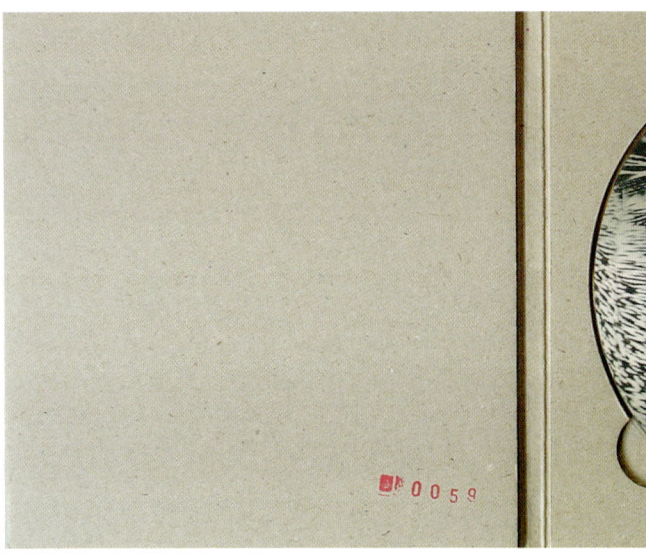

DESIGN	→	Pandarosa
PROJETO	→	Embalagem de CD/DVD de Håkan Lidbo
DESCRIÇÃO	→	Embalagem feita de papelão reciclável e durável com encarte em corte especial para segurar o CD/DVD.

→ **189**

DESIGN	→	Pfadfinderei/Florian
PROJETO	→	DVDs promocionais para a Adidas
DESCRIÇÃO	→	Feita com uma só peça de papel, esta embalagem para a Adidas foi desenhada para se parecer com uma bola na rede.

→ 191

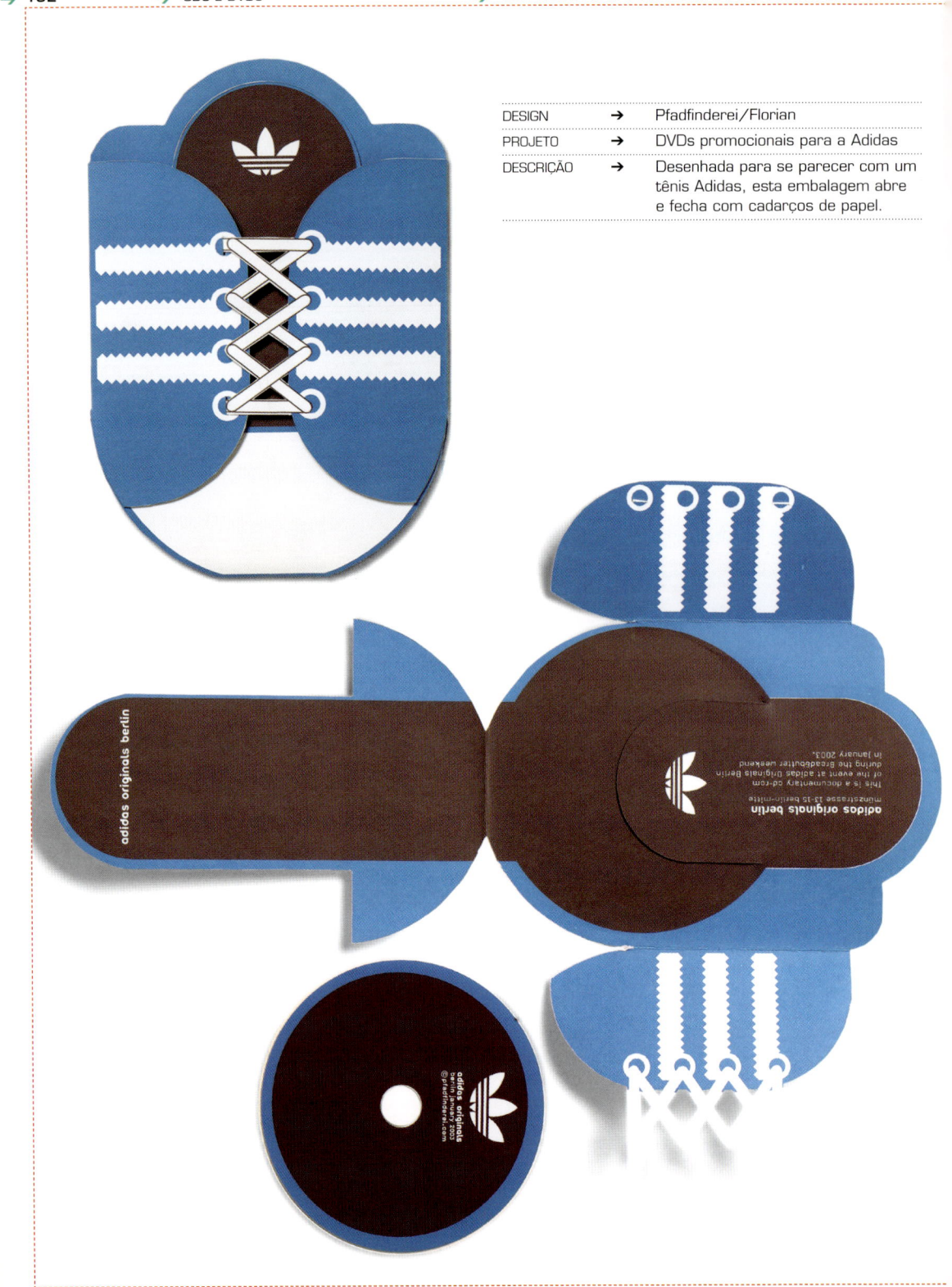

DESIGN	→	Pfadfinderei/Florian
PROJETO	→	DVDs promocionais para a Adidas
DESCRIÇÃO	→	Desenhada para se parecer com um tênis Adidas, esta embalagem abre e fecha com cadarços de papel.

→ 193

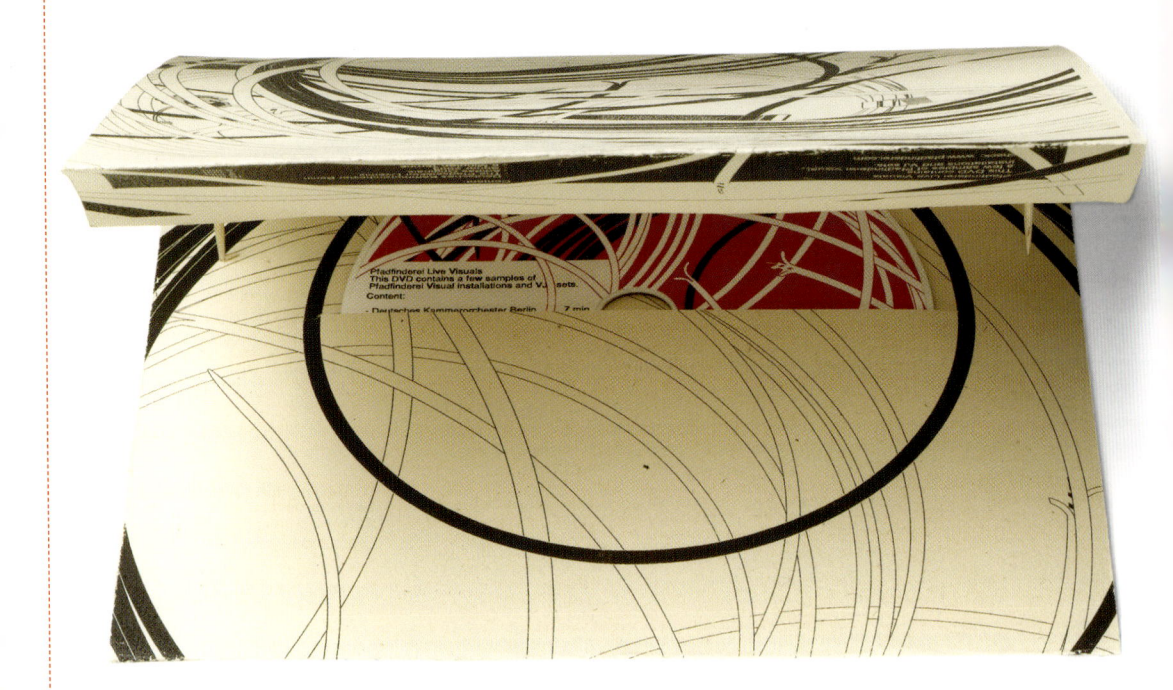

DESIGN	→	Pfadfinderei/Florian
PROJETO	→	Peça promocional da Pfadfinderei
DESCRIÇÃO	→	Embalagem de DVD artesanal de baixo custo, fácil produção e envio econômico. O padrão de cabos é impresso em uma cor sobre papel fosco.

→ 195

DESIGN	→	Likovni Studio
PROJETO	→	Embalagens de CD/DVD
DESCRIÇÃO	→	Embalagens de DVD simples com corte especial.

→ 197

DESIGN	→	Made Thought
PROJETO	→	Showreels em DVD da The Mill, da The Mill Film e da Mill Lab
DESCRIÇÃO	→	Estes cases de DVD padrão foram colocados em estojos deslizantes de papel-cartão, o que dá a eles uma noção de individualidade e cria um conjunto visual limpo e elegante. Os estojos são feitos de Chromolux branco alto brilho e têm corte especial em uma forma elíptica para que a cor e o texto dos DVDs fiquem visíveis.

→ 199

DESIGN	→	Four5one
PROJETO	→	Embalagem de DVD do U2
DESCRIÇÃO	→	Estojo em cartão com corte especial para conter um livro e um DVD. O corte mostra o disco, que fica dentro de um encarte separado.

→ 201

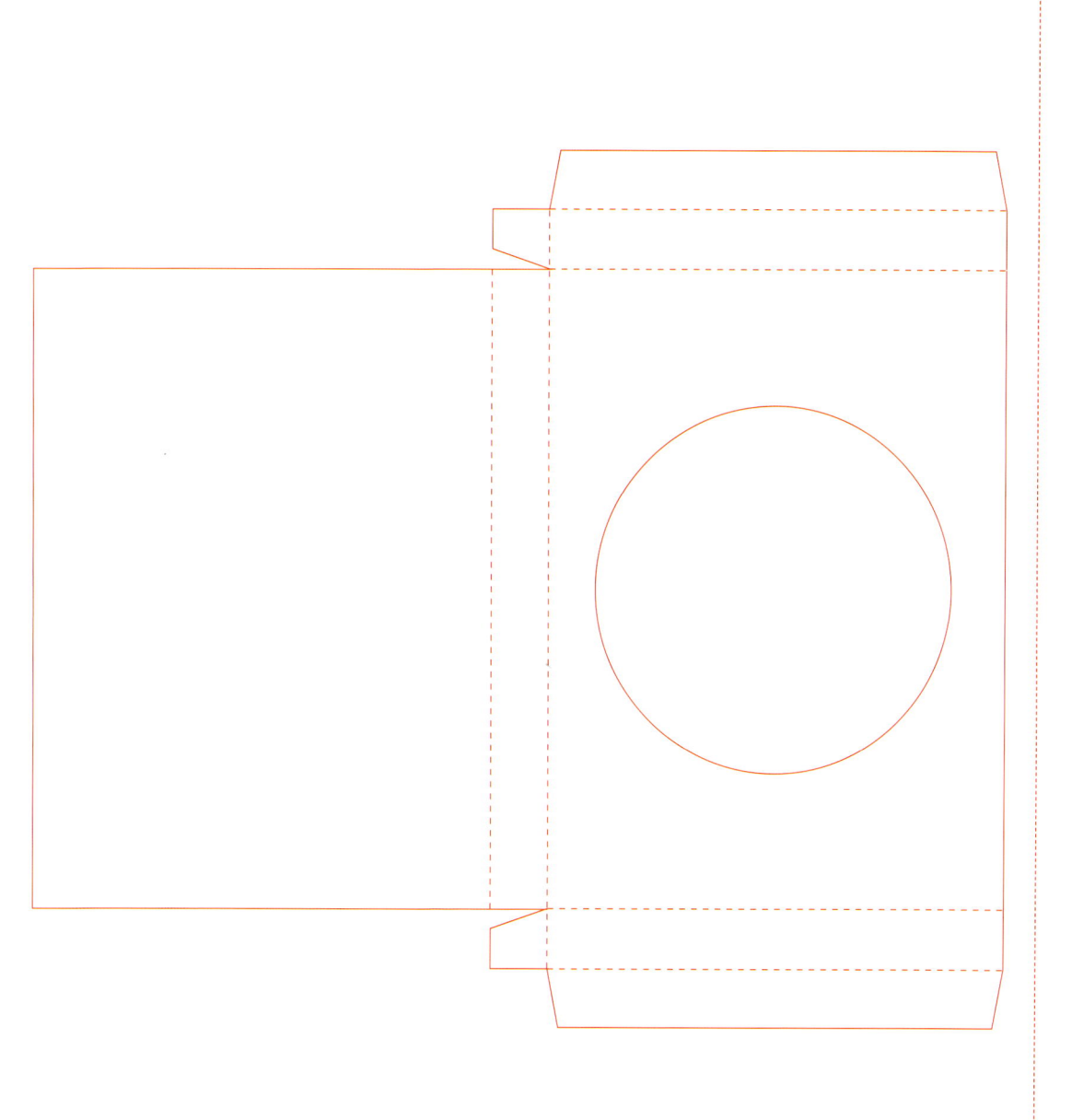

DESIGN	→	Gentil Eckersley
PROJETO	→	Embalagem de DVD
DESCRIÇÃO	→	Este pôster "envelopado" é dobrado para formar um estojo para o DVD.

→ 203

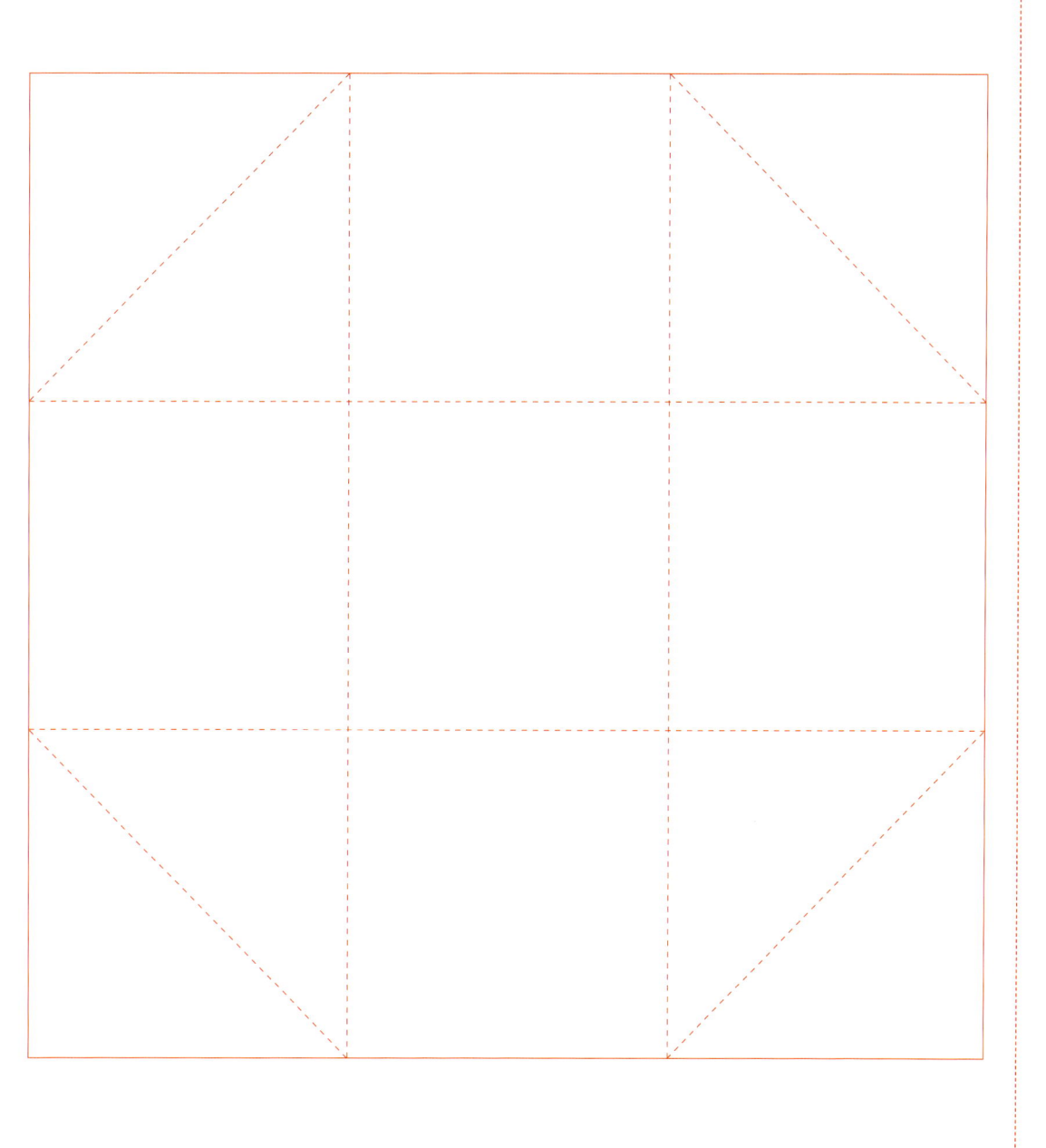

DESIGN	→	Plan B
PROJETO	→	Embalagem de CD
DESCRIÇÃO	→	Caixa em cartão pardo com kit com as peças necessárias para você construir o seu próprio CD. Neste caso, o case de plástico, os cartões, o CD, os adesivos da capa, etc., vêm como elementos separados para serem montados.

→ 205

DESIGN	→	Hideki Inaba
PROJETO	→	Embalagem de CD e de revista
DESCRIÇÃO	→	A embalagem externa é uma caixa comum com tampa articulada que não precisa de cola para manter sua estrutura. A parte externa foi revestida com uma folha colorida litografada e laminada com brilho para dar um acabamento de alto nível.

→ 207

06

EMBALAGENS DE PRODUTOS

DESIGN	→	Design Bridge
PROJETO	→	Embalagem de alimentos para a Mr Lee
DESCRIÇÃO	→	Copo de cartão simples para macarrão.

→ 211

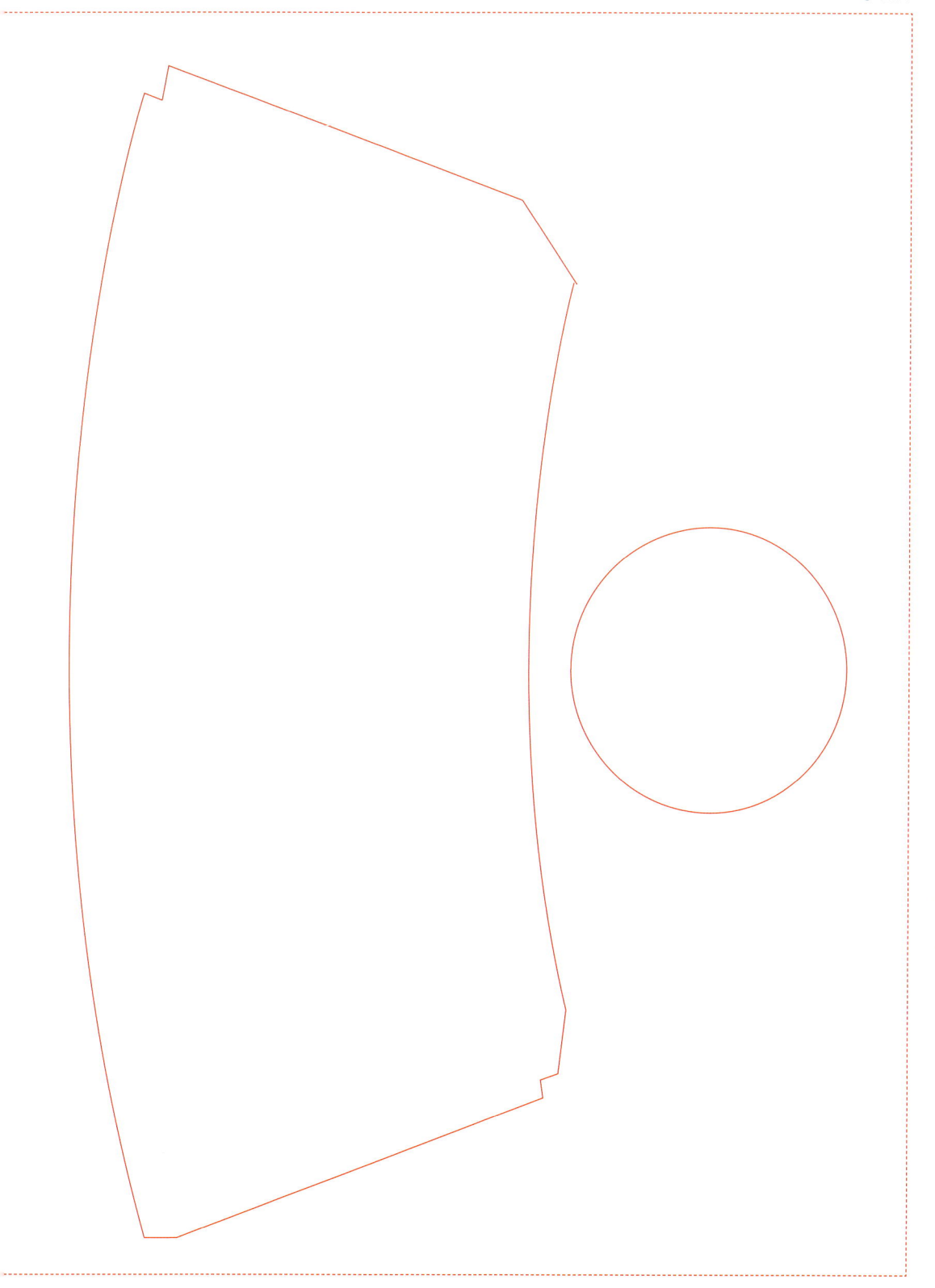

DESIGN	→	M.M. Packaging
PROJETO	→	Caixa piramidal
DESCRIÇÃO	→	Os lados afunilados e as abas encaixadas e coladas internamente criam uma caixa em formato piramidal. A tampa intermediária é opcional, dependendo das exigências do produto. O designer também pode aumentar ou diminuir o número de lados da caixa alterando as seções laterais e, portanto, a forma da base.

→ 213

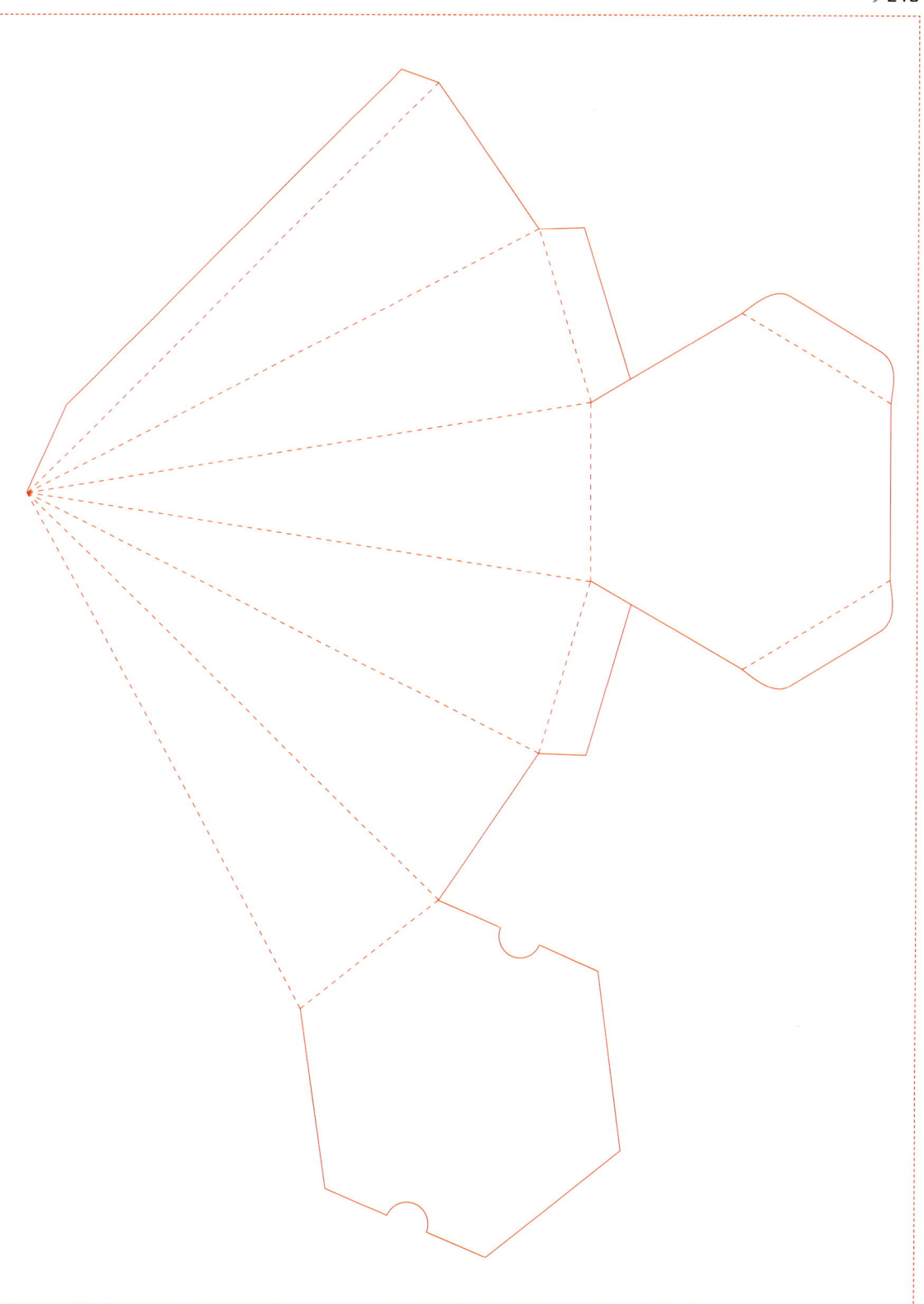

DESIGN	→	Sagmeister, Inc.
PROJETO	→	Embalagem do sabonete Unavailable
DESCRIÇÃO	→	Caixa simples para sabonete em barra. Esta caixa traz os 15 princípios da empresa impressos na parte interna.

→ 215

DESIGN	→	Autor desconhecido
PROJETO	→	Embalagem em tronco de pirâmide
DESCRIÇÃO	→	Caixa que cria uma imagem de densidade e rigidez usando laterais inclinadas ocas. Esse tipo de caixa normalmente é usado para embalar doces e pequenos presentes. Travas especiais se encaixam umas as outras nos cantos para dar firmeza à estrutura. A tampa com abas laterais é opcional, mas se removida, o quarto lado da caixa deve ser adaptado para ficar igual aos outros.

→ **217**

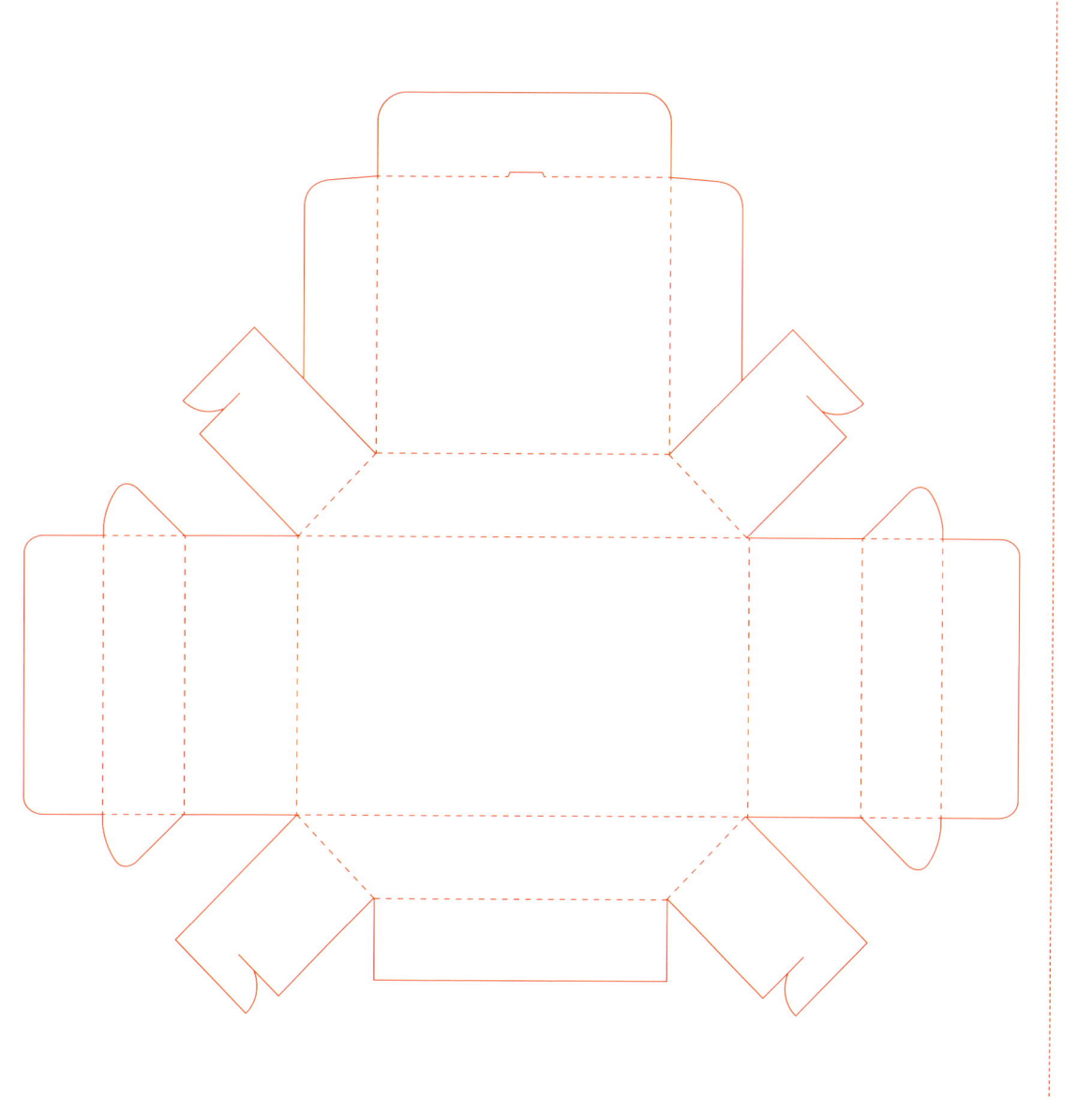

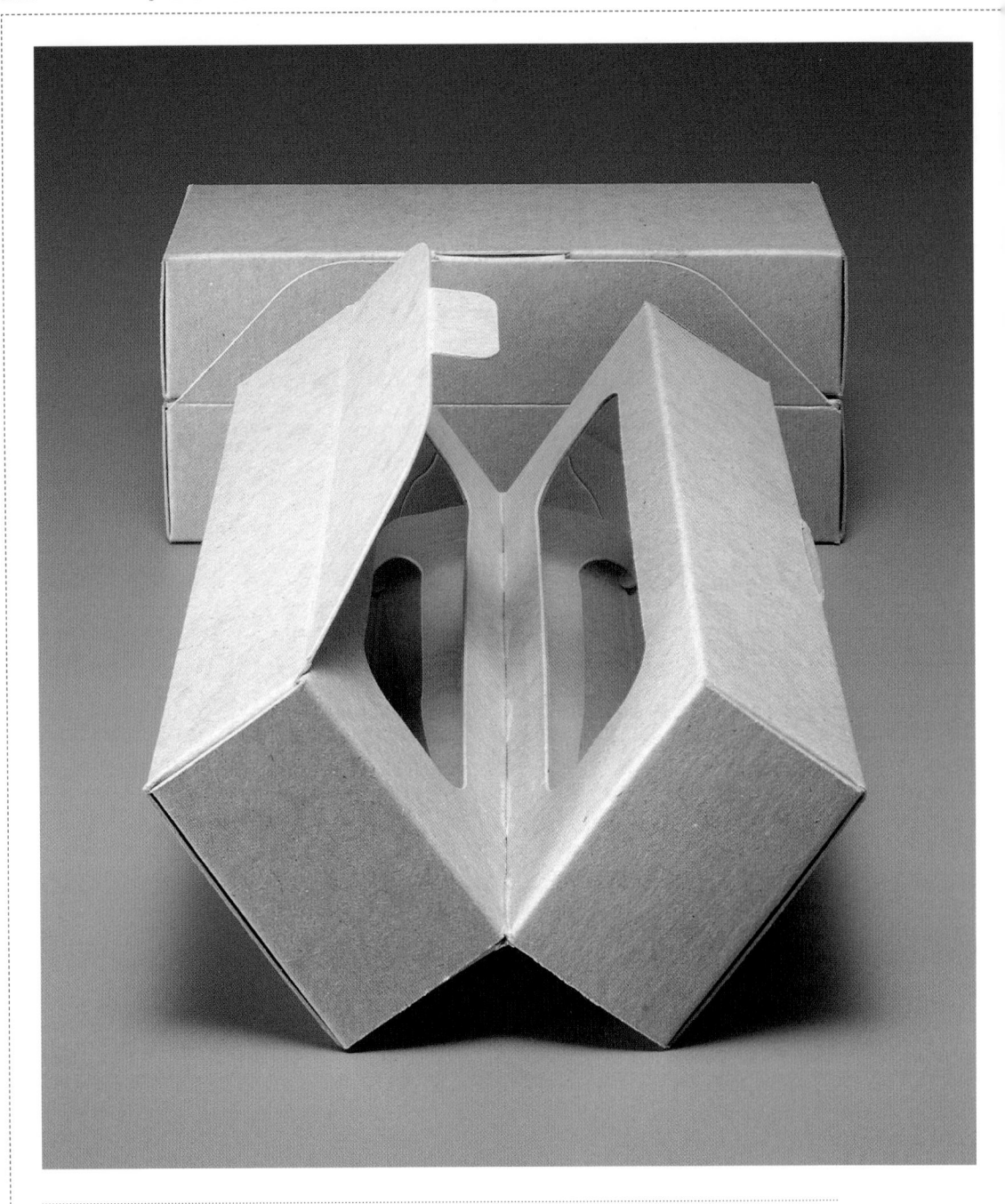

DESIGN	→	Autor desconhecido
PROJETO	→	Caixa articulada com compartimento duplo
DESCRIÇÃO	→	Quando fechada, esta caixa parece ter apenas um compartimento, mas aberta ela revela duas câmaras iguais e separadas. Feita de uma peça de papelão apenas, esta caixa é uma embalagem ideal para itens em conjuntos ou pares.

→ **219**

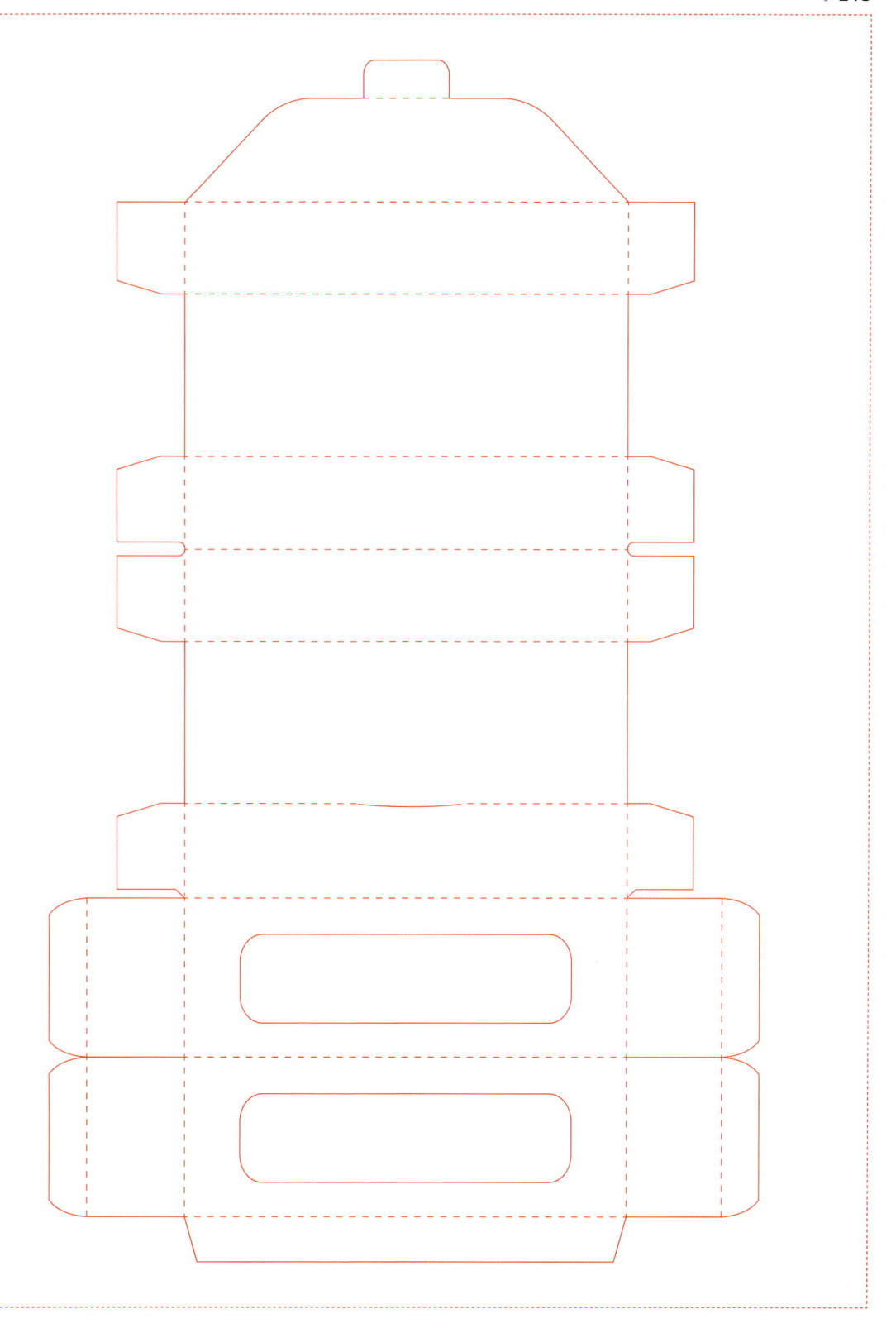

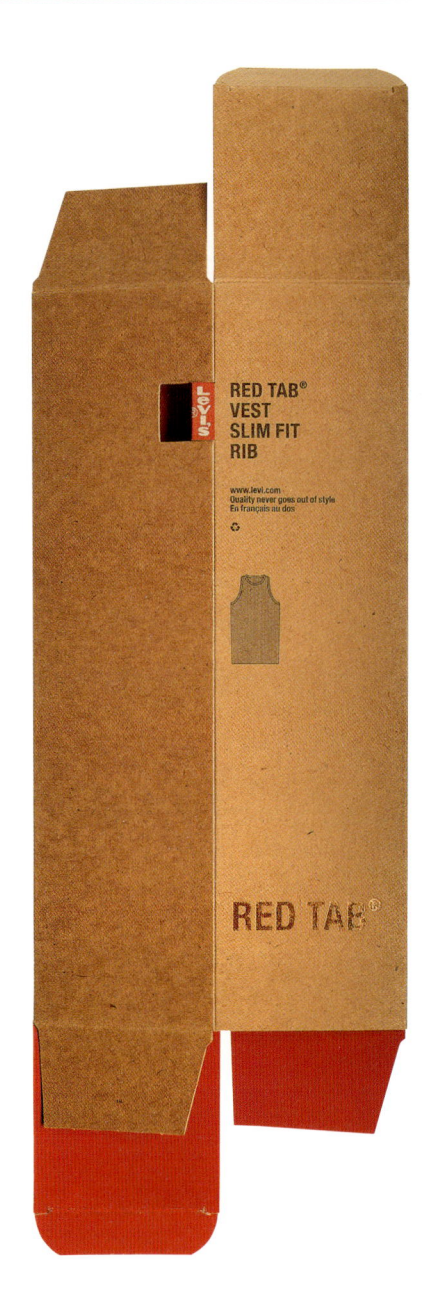

DESIGN	→	Farrow Design
PROJETO	→	Embalagem de roupas da Levi's®
DESCRIÇÃO	→	Caixa para a linha de roupas Red Tab, da Levi's®. A etiqueta vermelha impressa na caixa recebeu um corte especial para se projetar para fora quando a caixa é dobrada e montada. O mesmo corte da etiqueta foi aumentado para criar um buraco maior na lateral, de modo que o vendedor possa ver a cor da roupa que está na caixa.

→ 221

DESIGN	→	Parmjit Bhachu, Surrey Institute of Art and Design
PROJETO	→	Caixa autoportante
DESCRIÇÃO	→	Esta caixa utiliza o peso do produto para manter sua estrutura montada sem precisar de qualquer tipo de cola. As tiras são cortadas na mesma peça de papelão e são usadas para segurar o produto, permitindo que o consumidor o toque e sinta.

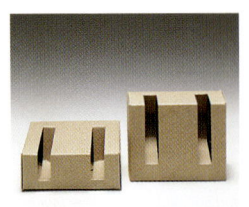

→ 223

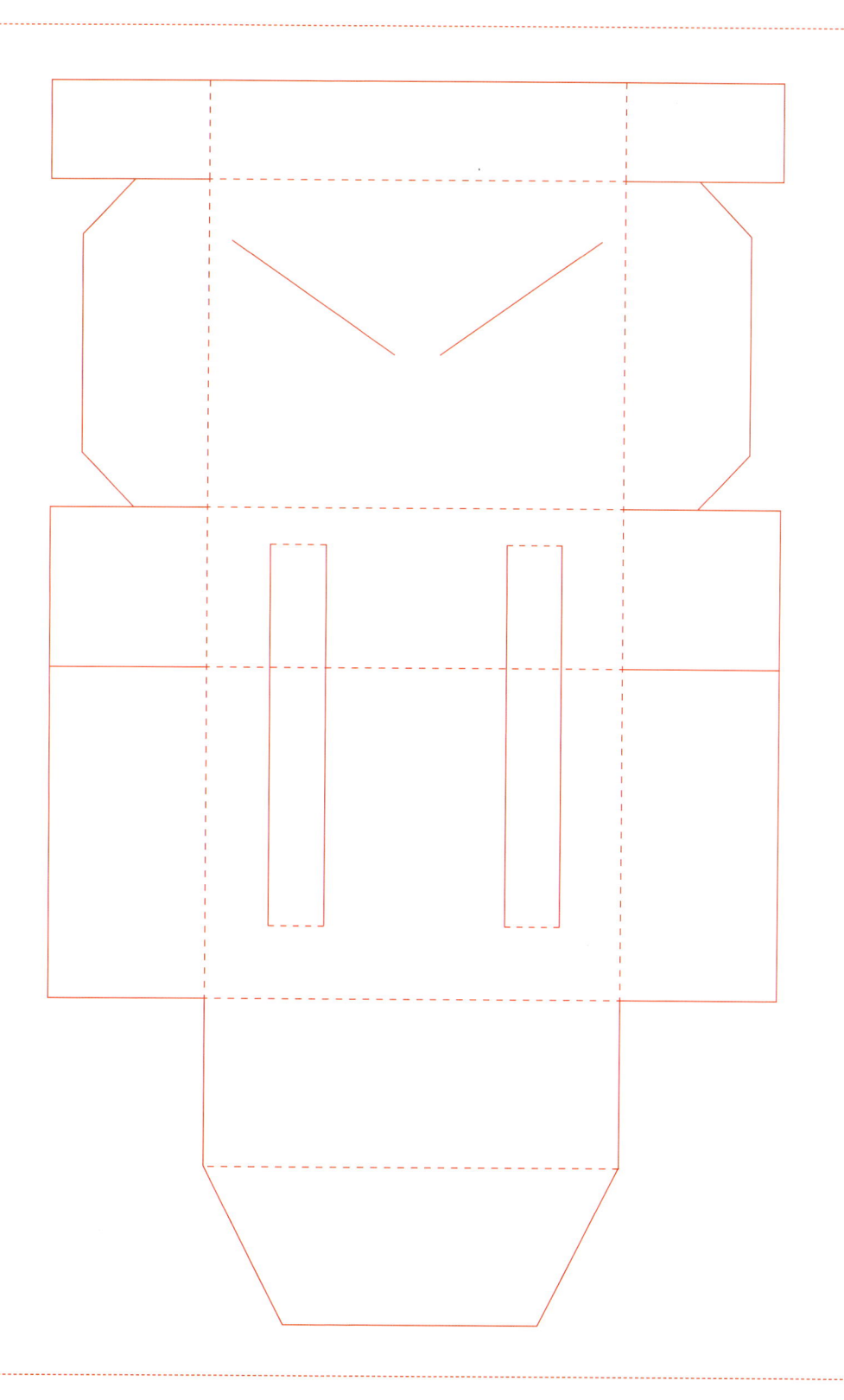

DESIGN	→	Robor Cartons
PROJETO	→	Caixa com base envelope hexagonal e tampa fechada por abas
DESCRIÇÃO	→	Esta caixa hexagonal se fecha por um método bastante engenhoso, em que a tampa fica firme em sua posição por meio de abas que se travam no corpo da caixa. A tampa não precisa de cola e sua construção em uma série de dobras cria uma estrutura forte e robusta.

→ 225

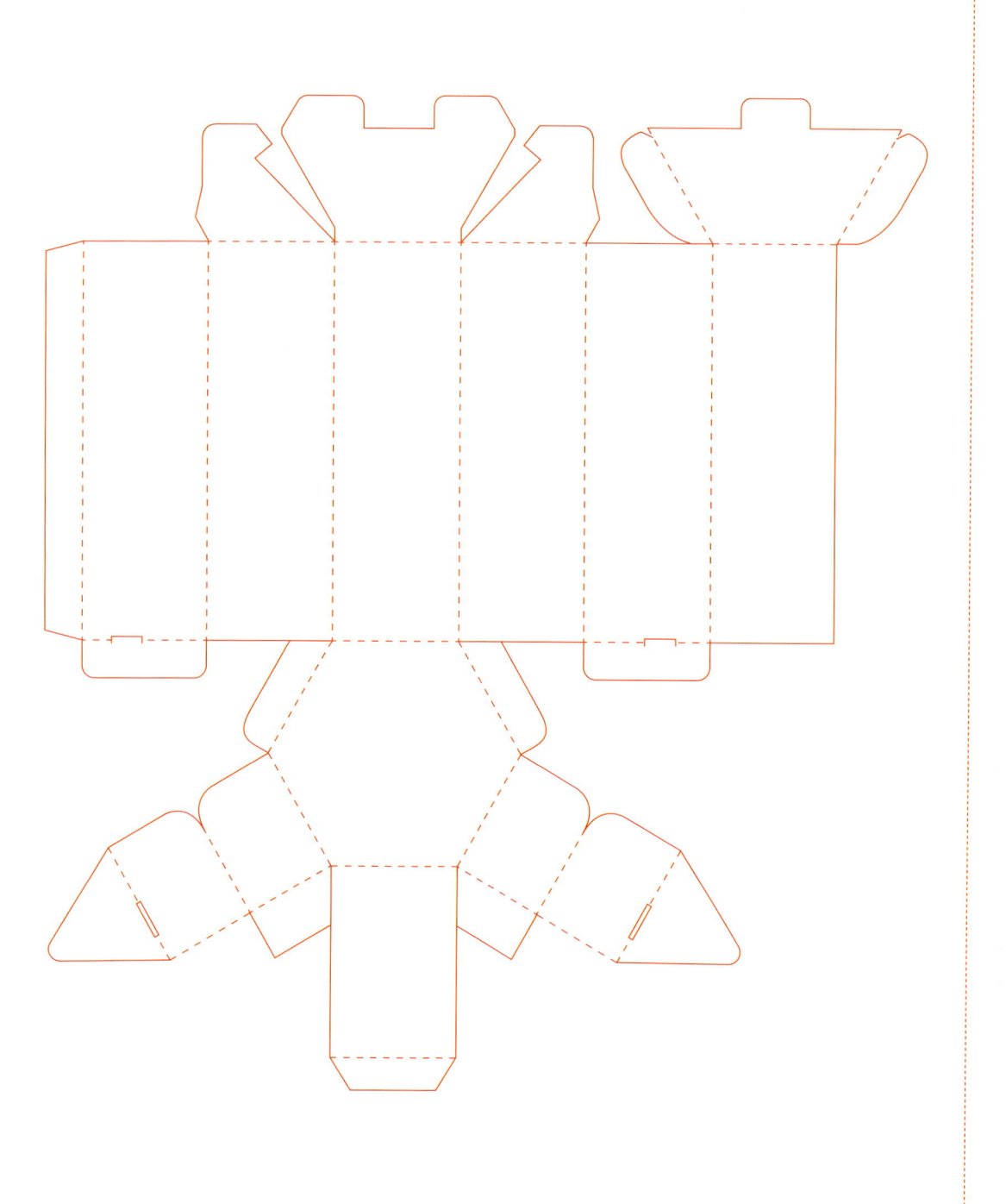

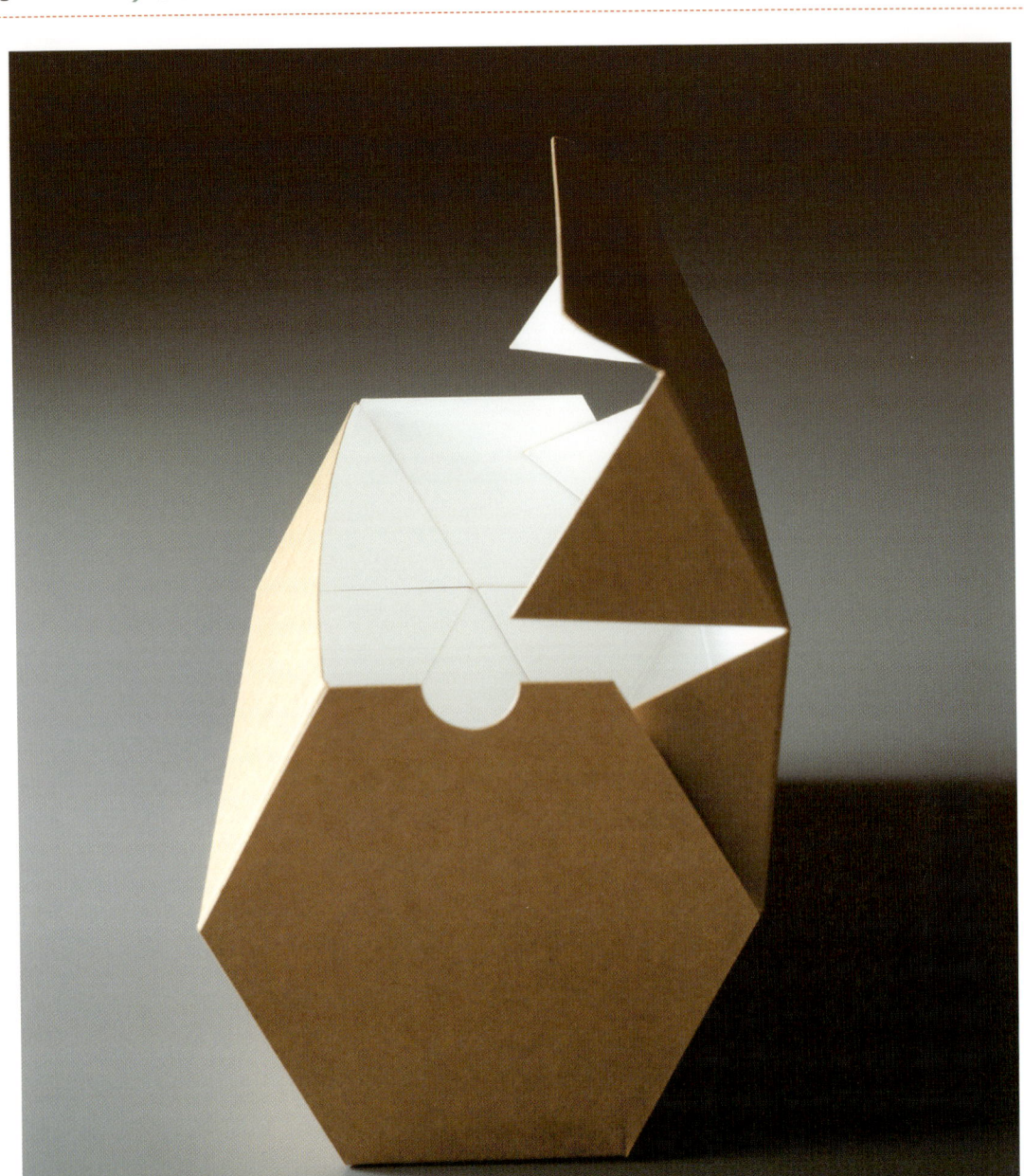

DESIGN	→	Autor desconhecido
PROJETO	→	Caixa hexagonal com abertura lateral
DESCRIÇÃO	→	Esta é uma variação simples e eficaz das caixas retangulares padrão. A forma hexagonal torna a caixa mais atraente e tem uma presença mais interessante nas prateleiras. A caixa pode ser posicionada tanto vertical quanto horizontalmente.

→ 227

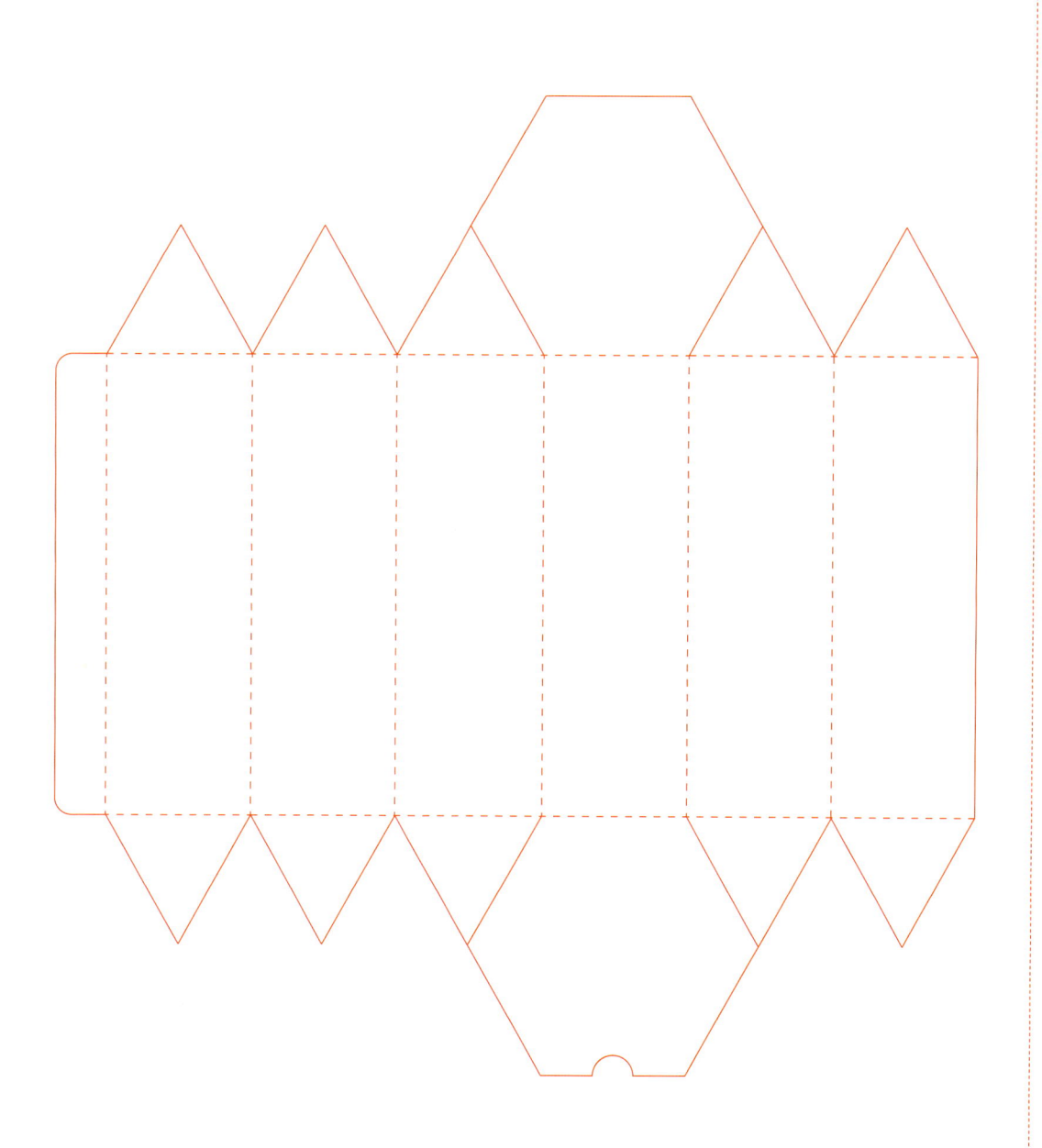

DESIGN	→	Ren
PROJETO	→	Sacola de presente
DESCRIÇÃO	→	Embalagem de presente no tradicional estilo de sacola de loja desenhada para conter uma série de produtos cosméticos da Ren.

→ 229

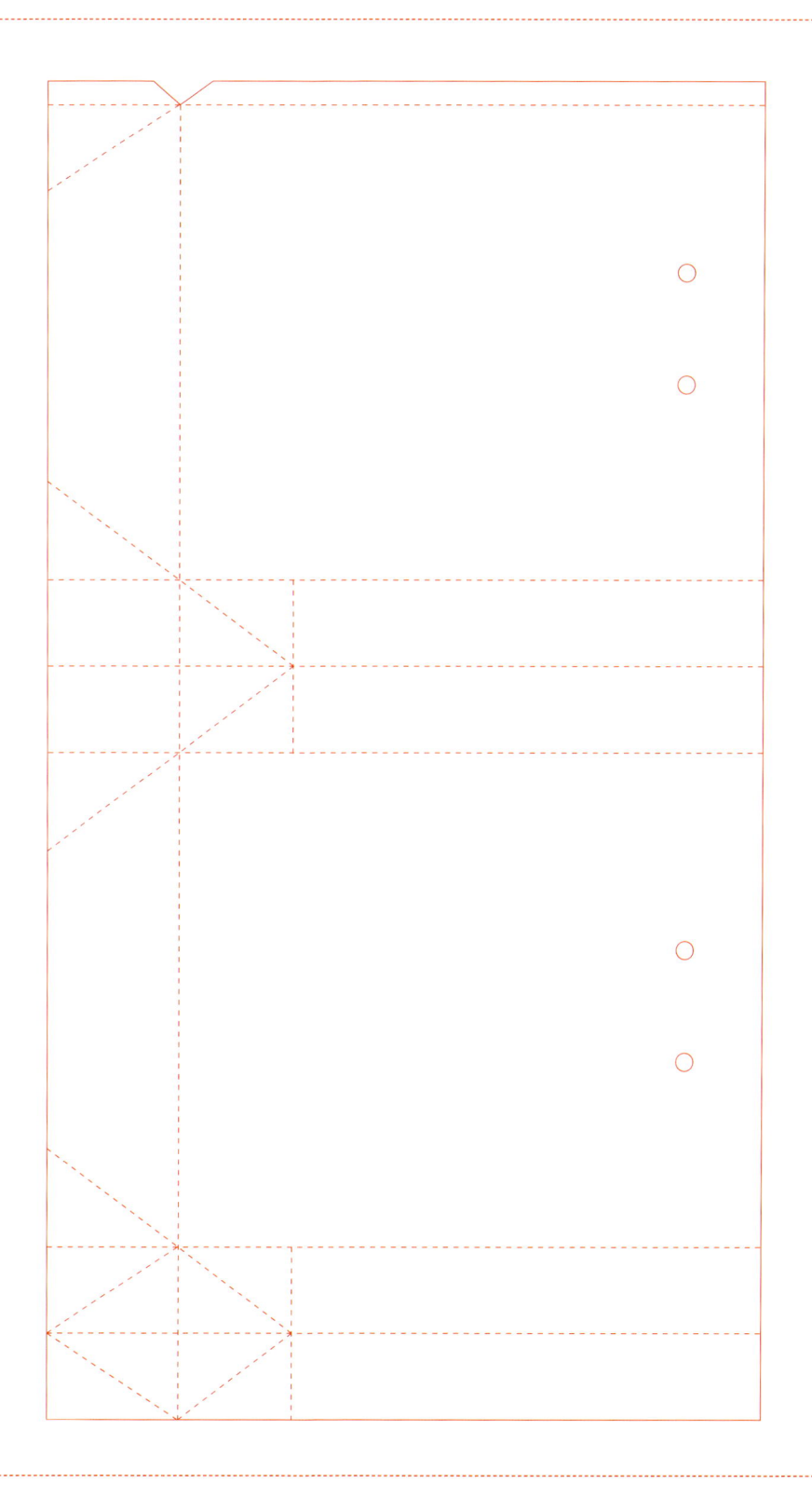

DESIGN	→	Robor Cartons
PROJETO	→	Sacola em cartão com laterais reforçadas
DESCRIÇÃO	→	Sacola em cartão com base com travas reforçadas. O produto determina a resistência da sacola, e a resistência depende da espessura do cartão usado. A sacola pode ser usada como embalagem principal ou secundária – o material utilizado afeta diretamente a qualidade percebida do produto ou da loja que fornece a embalagem.

→ 231

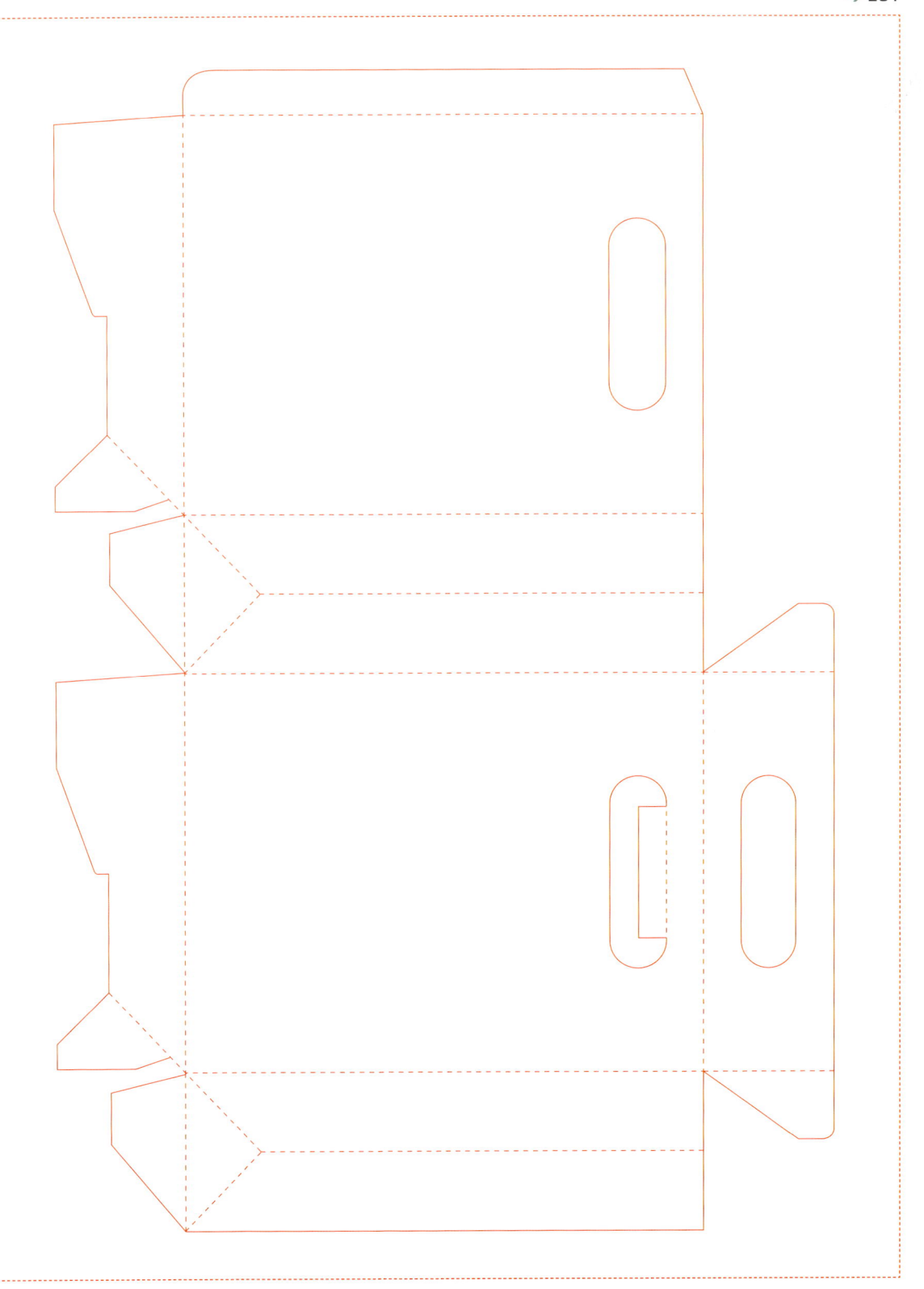

DESIGN	→	Rose Design
PROJETO	→	Relatório de vendas da MFI
DESCRIÇÃO	→	Esta embalagem em papel pardo sem identificação é, na verdade, um relatório de vendas e contém uma série de projetos em estilo mimeografado com ideias e desenvolvimentos futuros da empresa.

→ 233

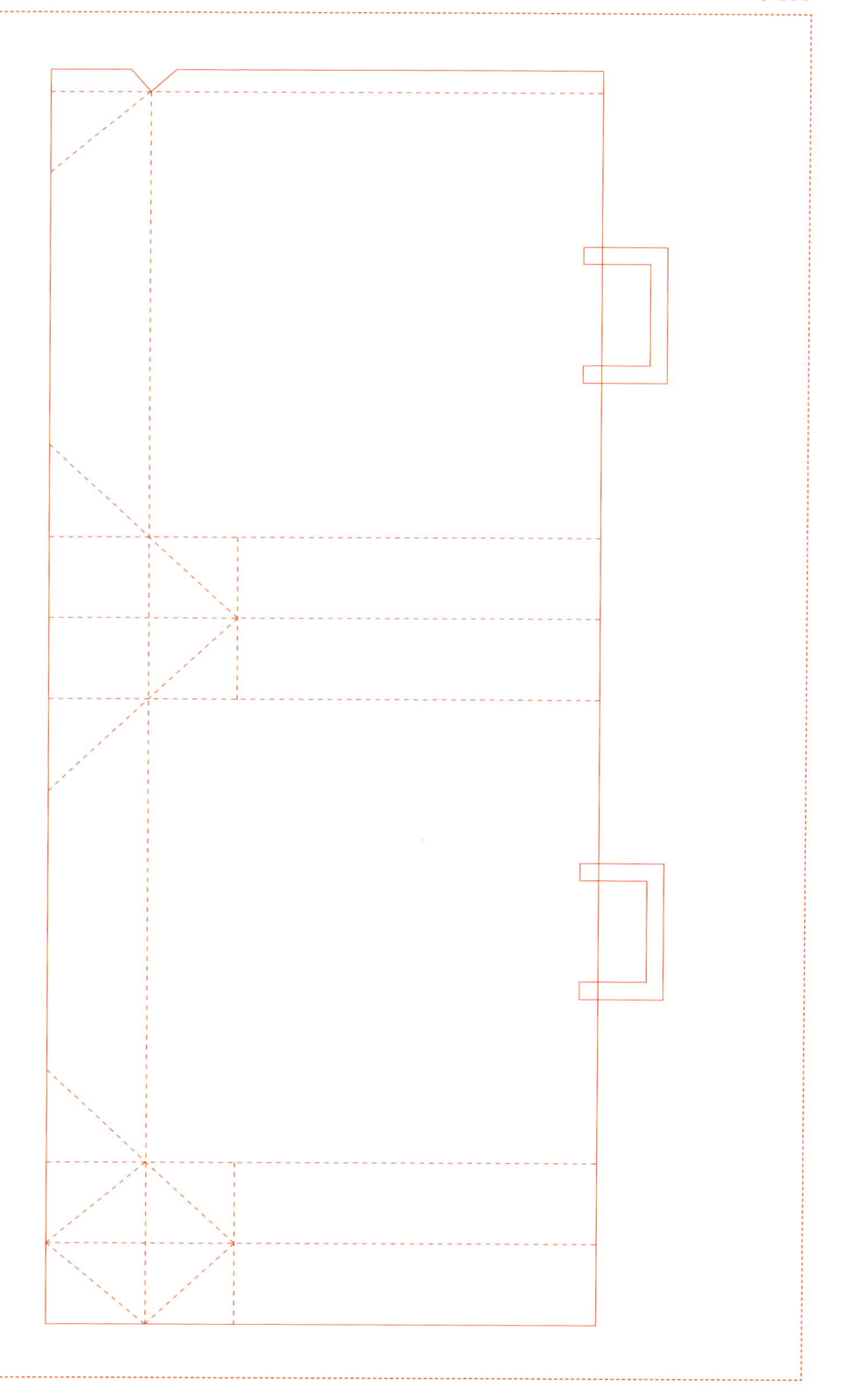

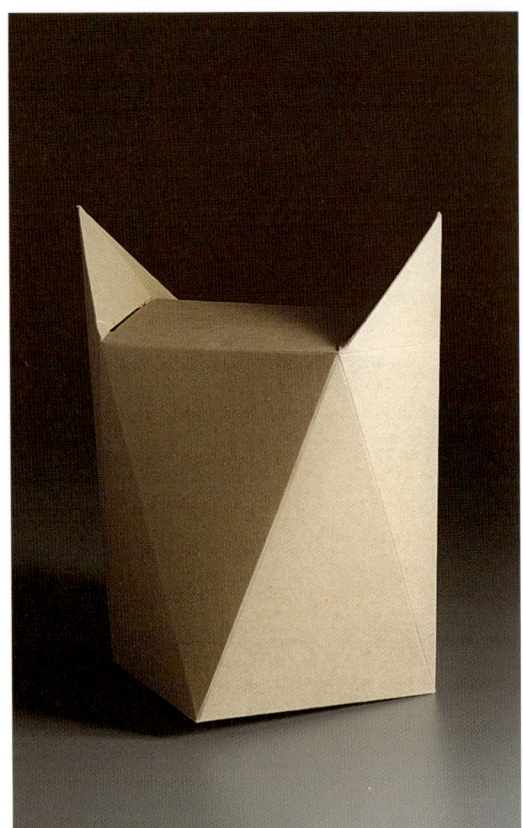

DESIGN	→	CGM Ltd.
PROJETO	→	Caixa com vários lados em cone
DESCRIÇÃO	→	Caixa vincada com base com travas reforçadas que pode ser montada em três formas diferentes. A primeira é uma caixa com laterais dobradas para dentro e tampa em cume. A segunda tem tampa chata com "orelhas" em duas laterais que podem ser dobradas. A terceira opção é o design original, com tampa plana e laterais triangulares invertidas.

→ 235

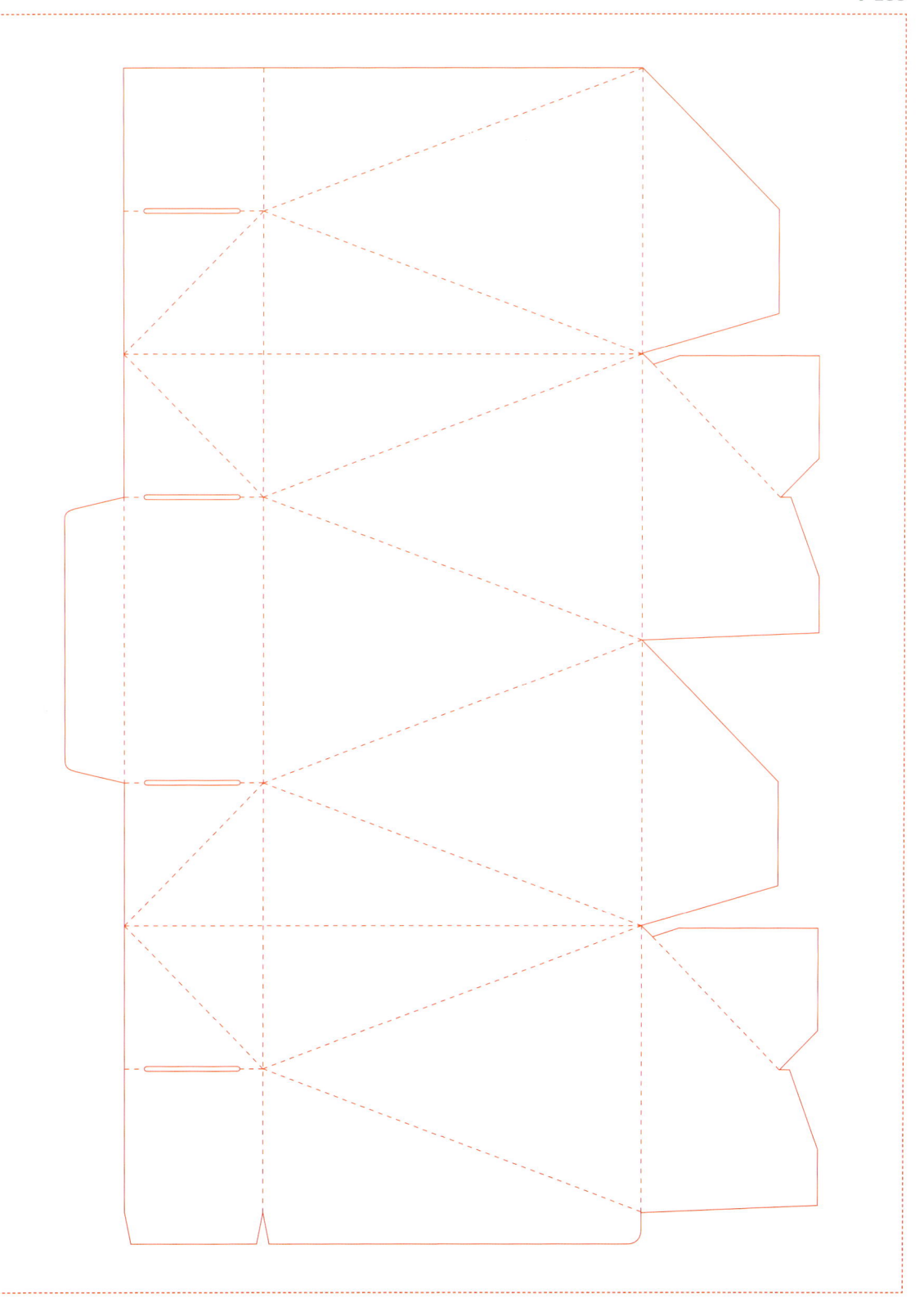

DESIGN	→	CGM Ltd.
PROJETO	→	Caixa com tampa em arco
DESCRIÇÃO	→	Eis um exemplo de como uma caixa de quatro lados padrão pode ficar mais interessante com uma tampa curva, semicilíndrica. A aba "A" dá maior resistência à tampa e proteção ao produto. Um uso possível para esta caixa é a de embalagens para levar doces decorados, pois a tampa mais aberta daria mais espaço interno ao produto.

→ 237

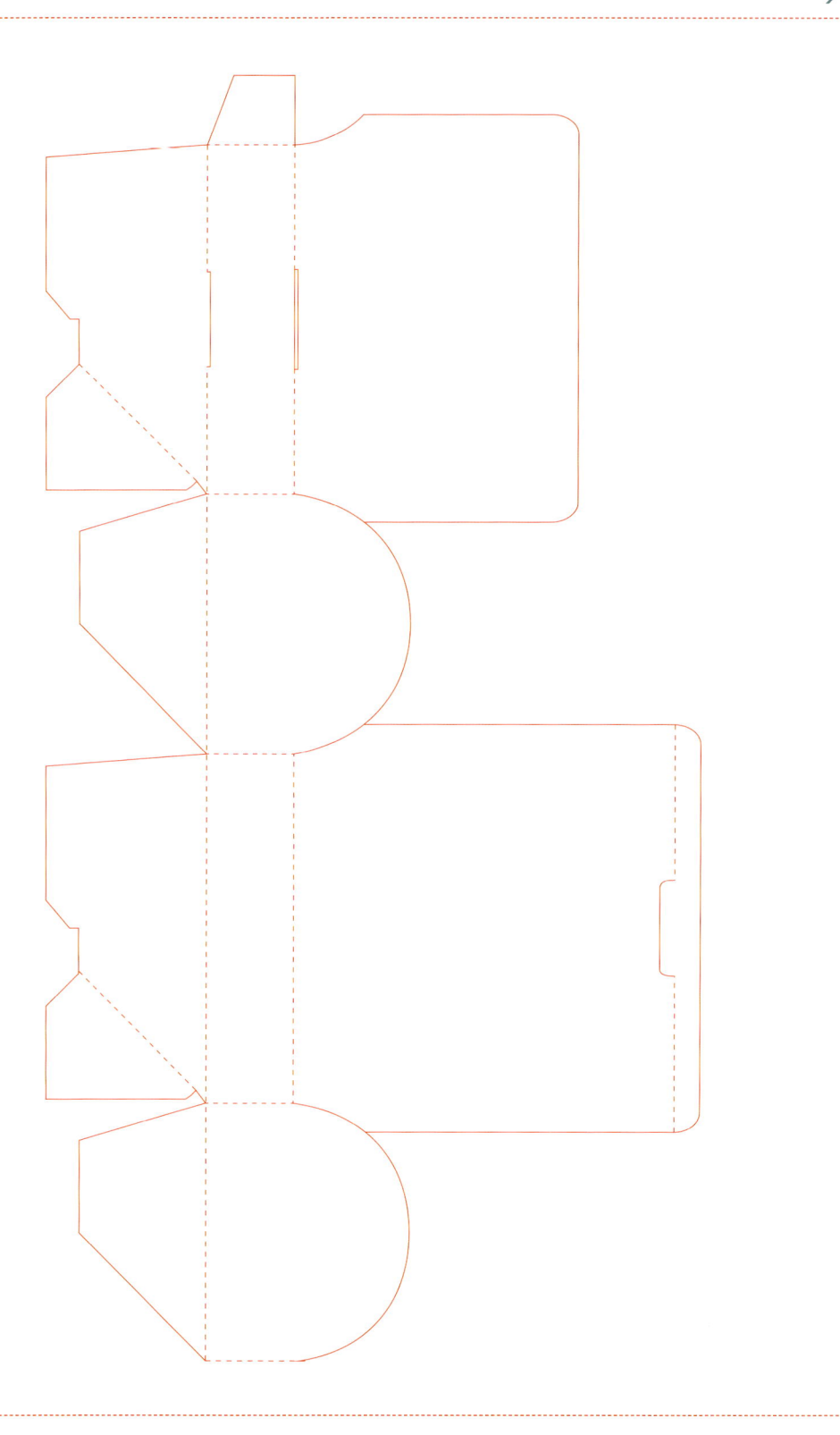

DESIGN	→	e-Types
PROJETO	→	Cartucho de papel-cartão
DESCRIÇÃO	→	Cartucho de papel-cartão padrão para uma linha de frascos de cosméticos. As proporções deste modelo podem ser facilmente adaptadas às mais diferentes formas de caixas.

→ 239

DESIGN	→	Robor Cartons
PROJETO	→	Caixa curvilínea
DESCRIÇÃO	→	Esta caixa com abas para fechamento faz um bom uso das superfícies curvas para criar uma embalagem atraente. As curvas e contornos criam uma forma visualmente interessante que pode ser uma boa embalagem para roupas, pequenos presentes e doces. A caixa precisa de cola para manter sua estrutura, mas pode ser armazenada plana, abrindo-se quando pressionada nas laterais.

→ 241

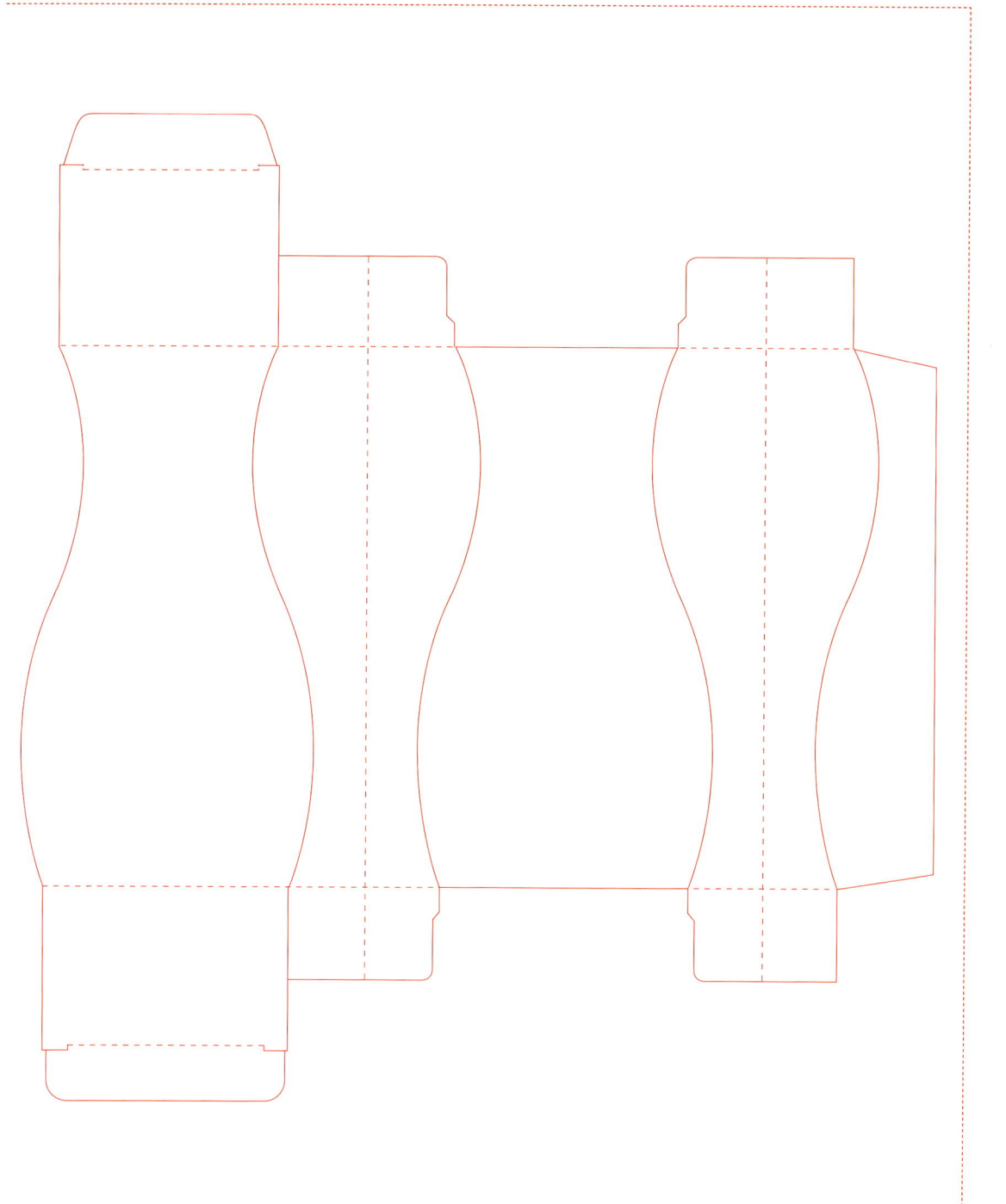

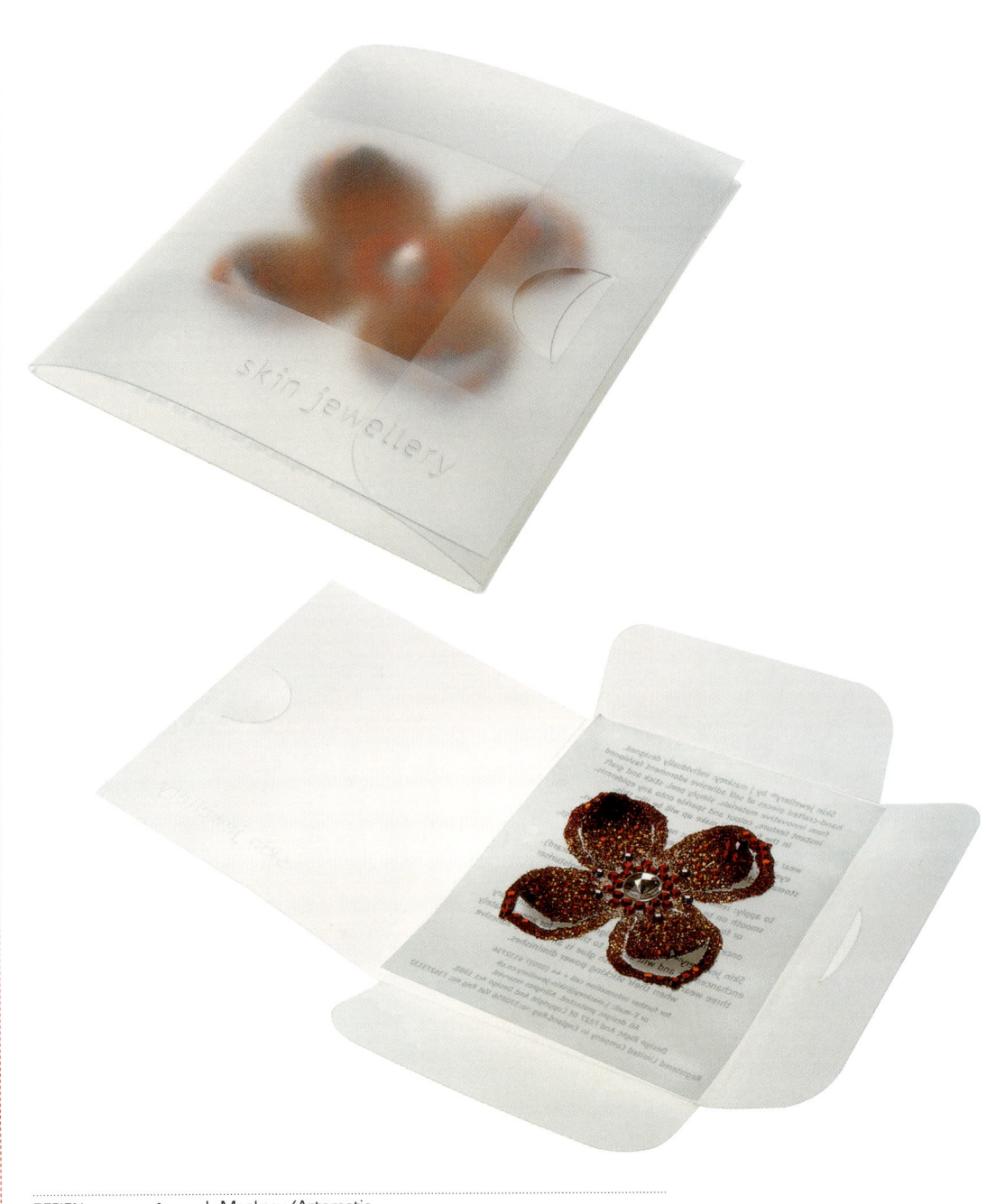

DESIGN	→	J. Maskrey/Artomatic
PROJETO	→	Embalagem para a Skin Jewellery™
DESCRIÇÃO	→	Estojo de polipropileno para joias. A parte externa da embalagem foi gravada com o logotipo da empresa. Ela foi cortada e vincada no polipropileno mais fino disponível e mantém-se fechada por abas em corte especial.

→ 243

DESIGN	→	Autor desconhecido
PROJETO	→	Embalagem almofada
DESCRIÇÃO	→	Formas visualmente inspiradoras surgem quando se adiciona curvas a caixas cartonadas. Esta caixa é boa para guardar produtos leves, como roupas ou um conjunto de itens pequenos, como doces ou um quebra-cabeça. Ela é de fácil montagem e pode ser guardada achatada.

→ 245

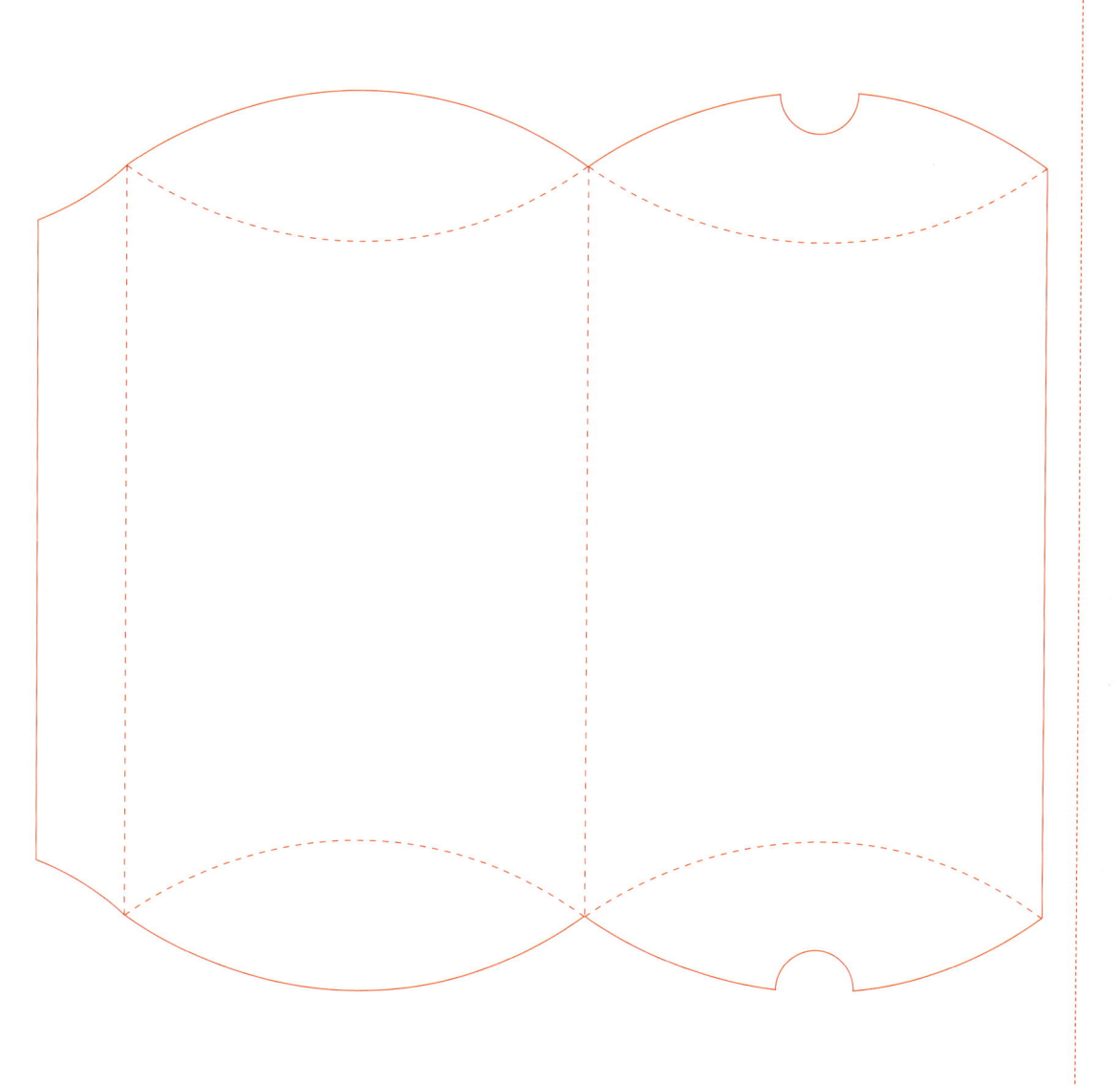

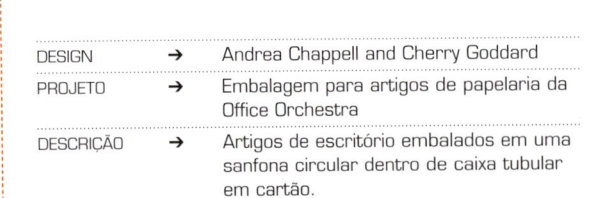

DESIGN	→	Andrea Chappell and Cherry Goddard
PROJETO	→	Embalagem para artigos de papelaria da Office Orchestra
DESCRIÇÃO	→	Artigos de escritório embalados em uma sanfona circular dentro de caixa tubular em cartão.

DESIGN	→	M.M. Packaging
PROJETO	→	Caixa piramidal com fechamento por pressão
DESCRIÇÃO	→	No lugar de uma tampa simples, esta caixa cartonada piramidal possui um mecanismo de fechamento na base de todas as seções. Para montá-la, pressiona-se as abas superiores para baixo, uma a uma, espiralando-as para dentro.

→ 249

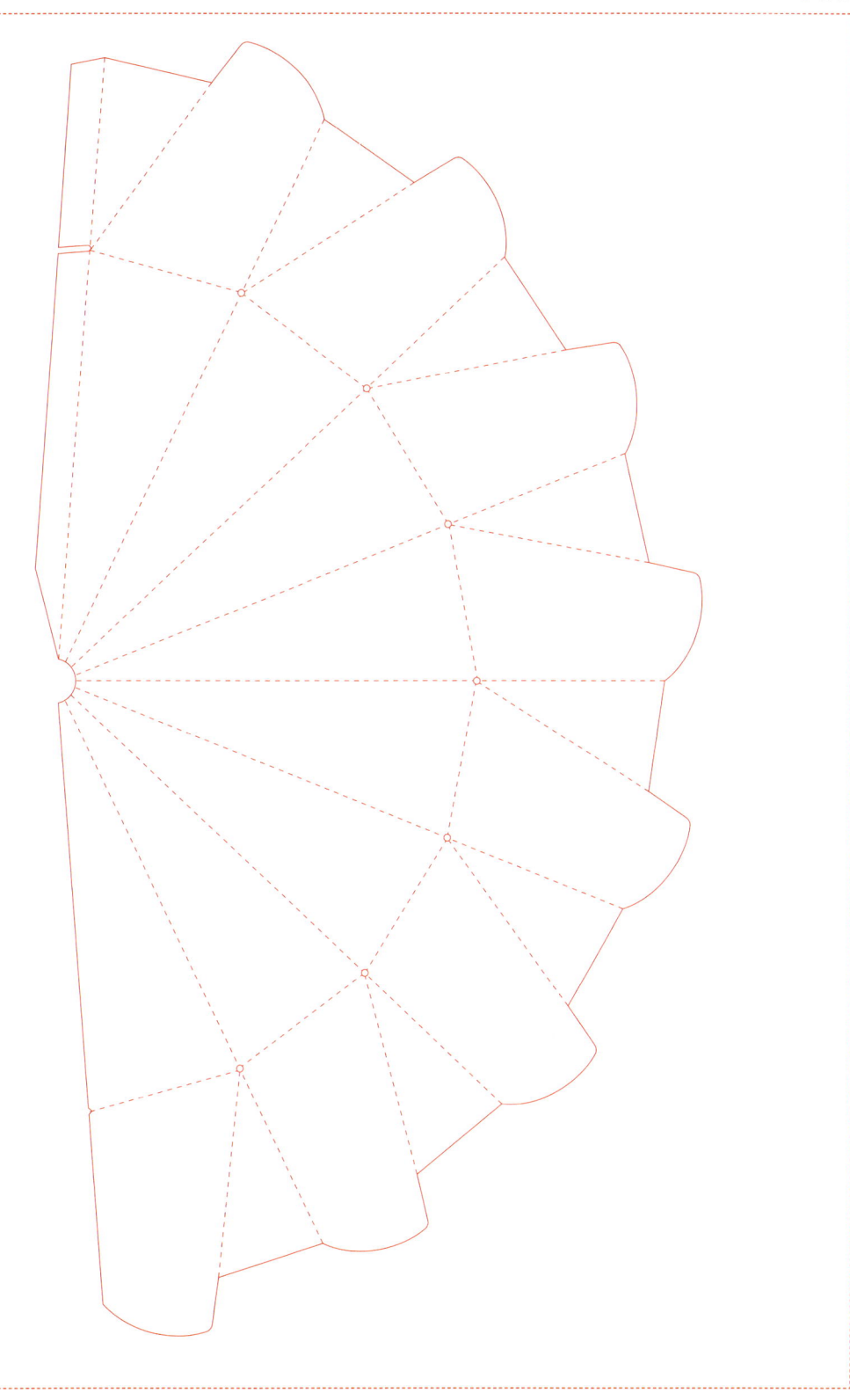

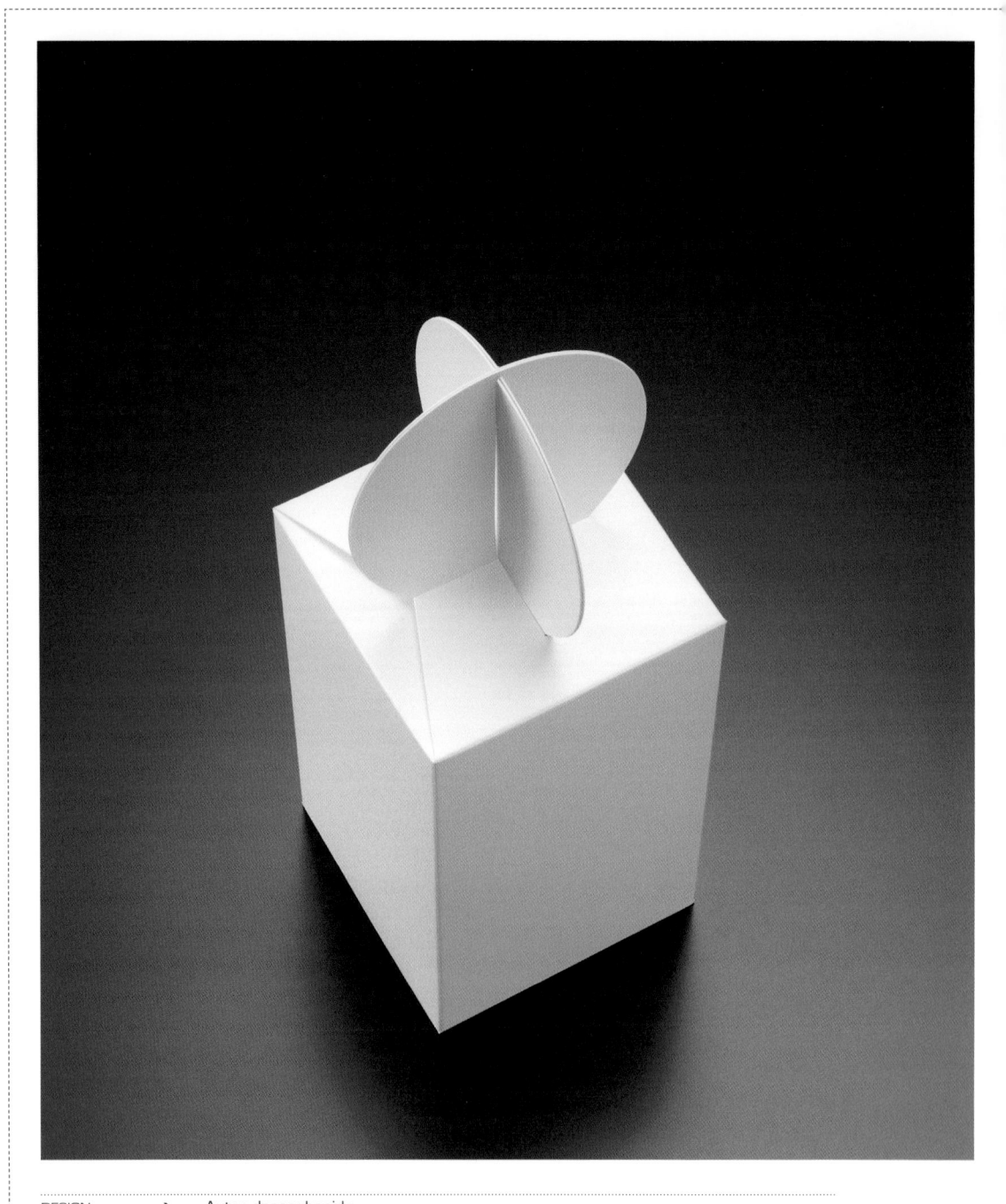

DESIGN	→	Autor desconhecido
PROJETO	→	Caixa com fechamento em folha de trevo
DESCRIÇÃO	→	Caixa que contém discos com fendas para fechá-la e base com travas reforçadas. Os círculos dentados se encaixam nas fendas para formar um desenho de "folha de trevo". Este design cria uma abertura interessante e reveladora para embalagens de pequenos presentes.

→ 251

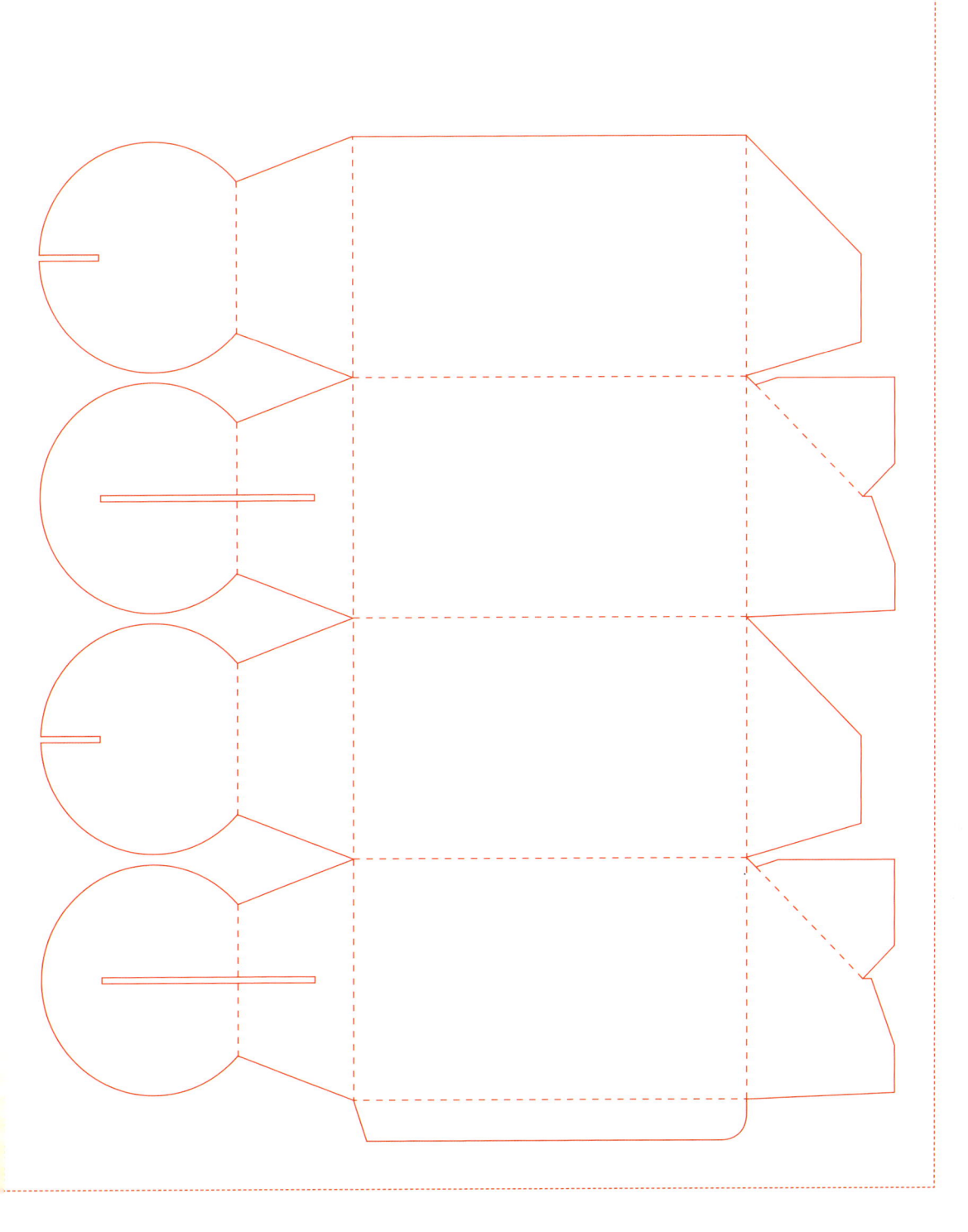

DESIGN	→	Pentagram
PROJETO	→	Caixa de sapatos
DESCRIÇÃO	→	Este é um novo sistema de embalagem de sapatos patenteado feito para a empresa de calçados italiana Superga. A caixa pode ser empilhada na posição horizontal convencional e aberta ainda na pilha apenas puxando-se a etiqueta de borracha. Ela também pode ser exposta verticalmente no ponto de venda e, muito importante, é desmontável e facilmente remontada – uma grande vantagem para estocagem, transporte e para outros usos domésticos.

→ 253

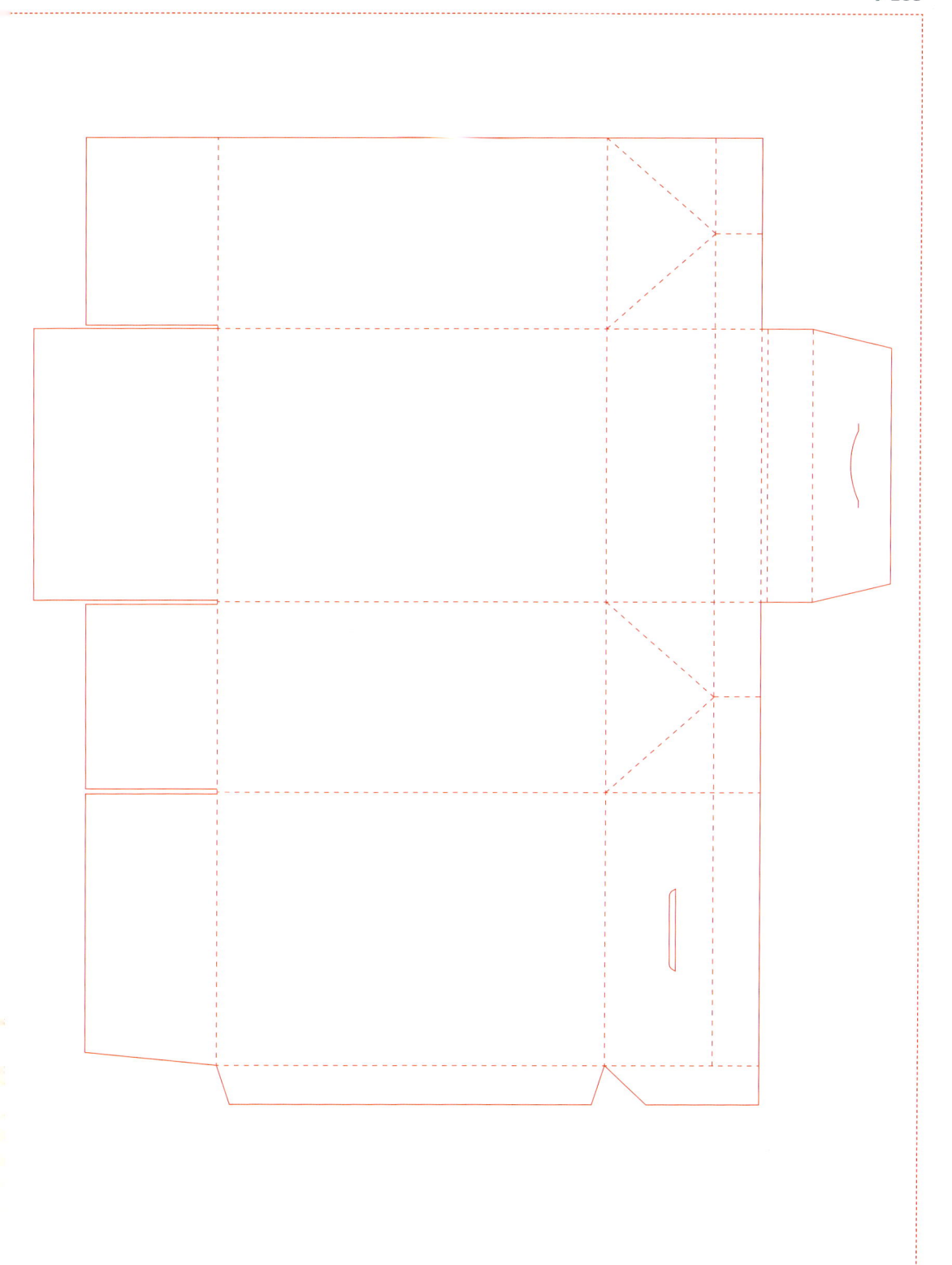

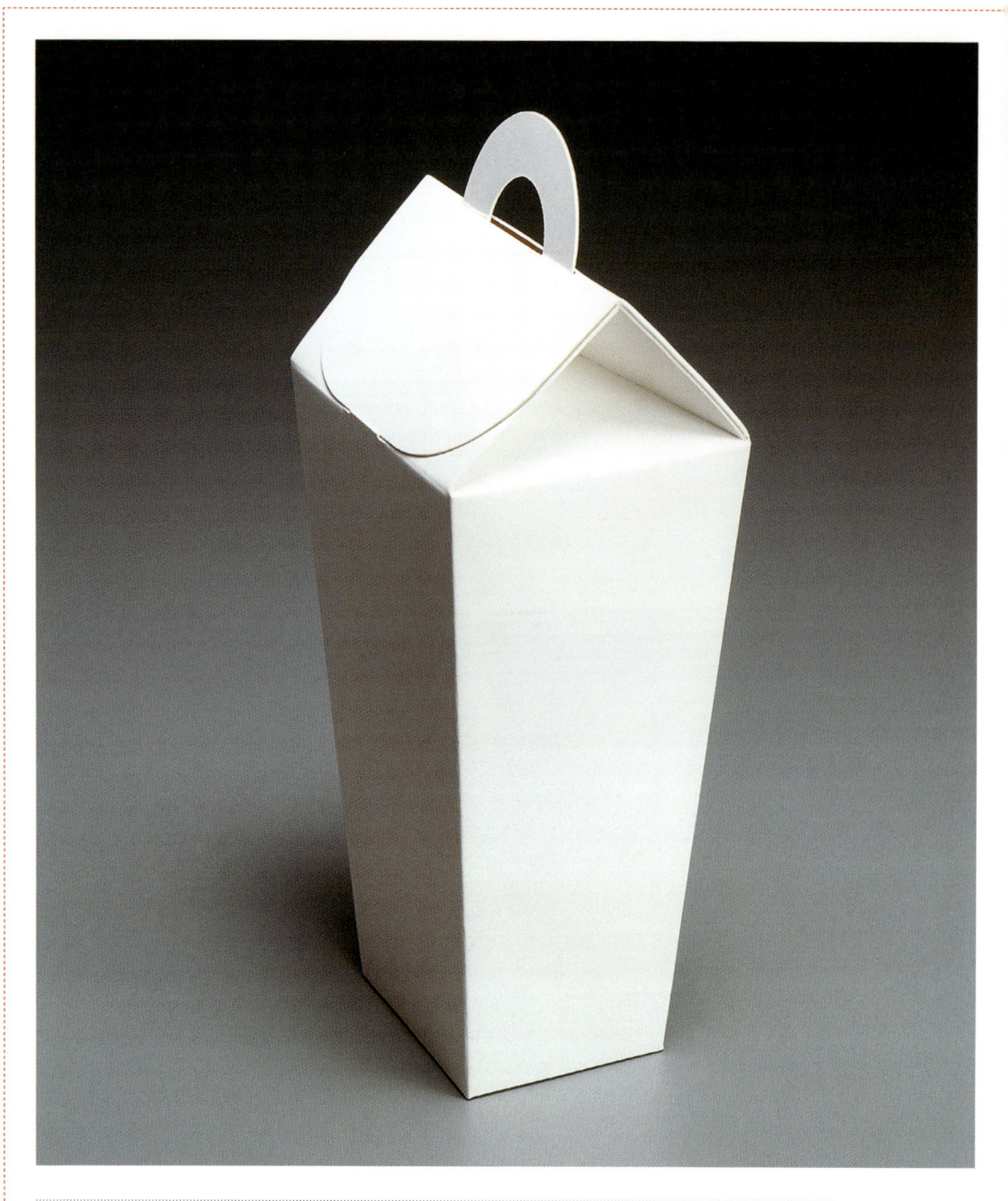

DESIGN	→	Autor desconhecido
PROJETO	→	Embalagem com tampa e laterais afuniladas
DESCRIÇÃO	→	Este design simples é um recipiente básico com laterais afuniladas e base estreita. Ele é aberto pela tampa na parte superior da caixa, que, neste caso, demonstra como uma alça pode ser incorporada a um design para melhorar o desempenho da embalagem.

→ 255

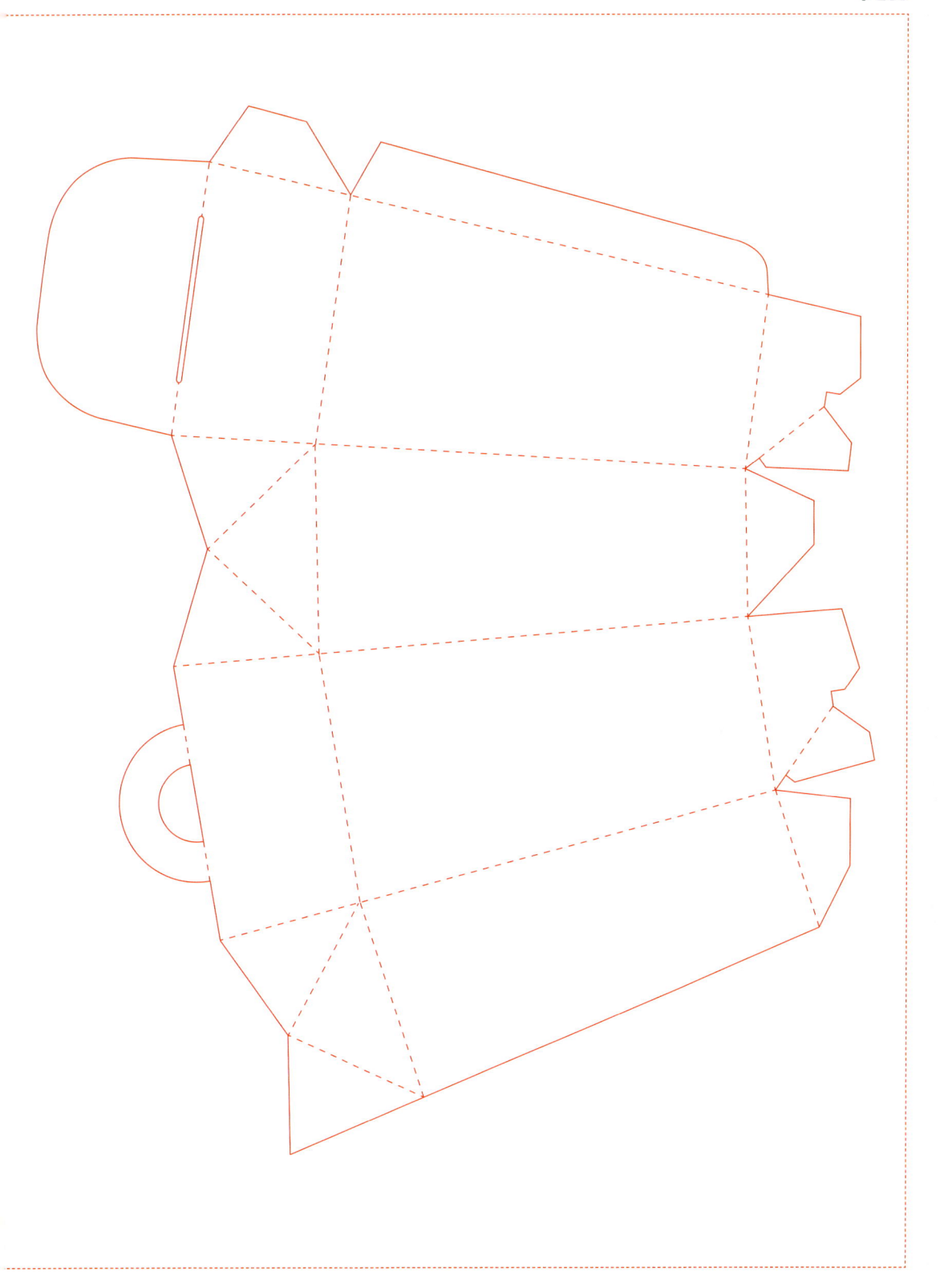

DESIGN	→	Frost Design
PROJETO	→	Caixa de lápis Remarkable
DESCRIÇÃO	→	Esta embalagem é fechada por um dos lápis, o que torna sua fabricação extremamente econômica. Além de não ser necessário o uso de cola, é possível ver um dos lápis exposto. O cartão pardo usado na embalagem é reciclado e foi impresso com serigrafia. A caixa é bastante compacta e pode ser exposta de diversas maneiras.

→ 257

DESIGN	→	M.M. Packaging
PROJETO	→	Embalagem em cartão quase esférica
DESCRIÇÃO	→	Embalagem em cartão multifacetada e com picote. Com uma série de dobras e cortes, este modelo assume uma forma redonda que se aproxima de uma esfera em papel-cartão.

→ 259

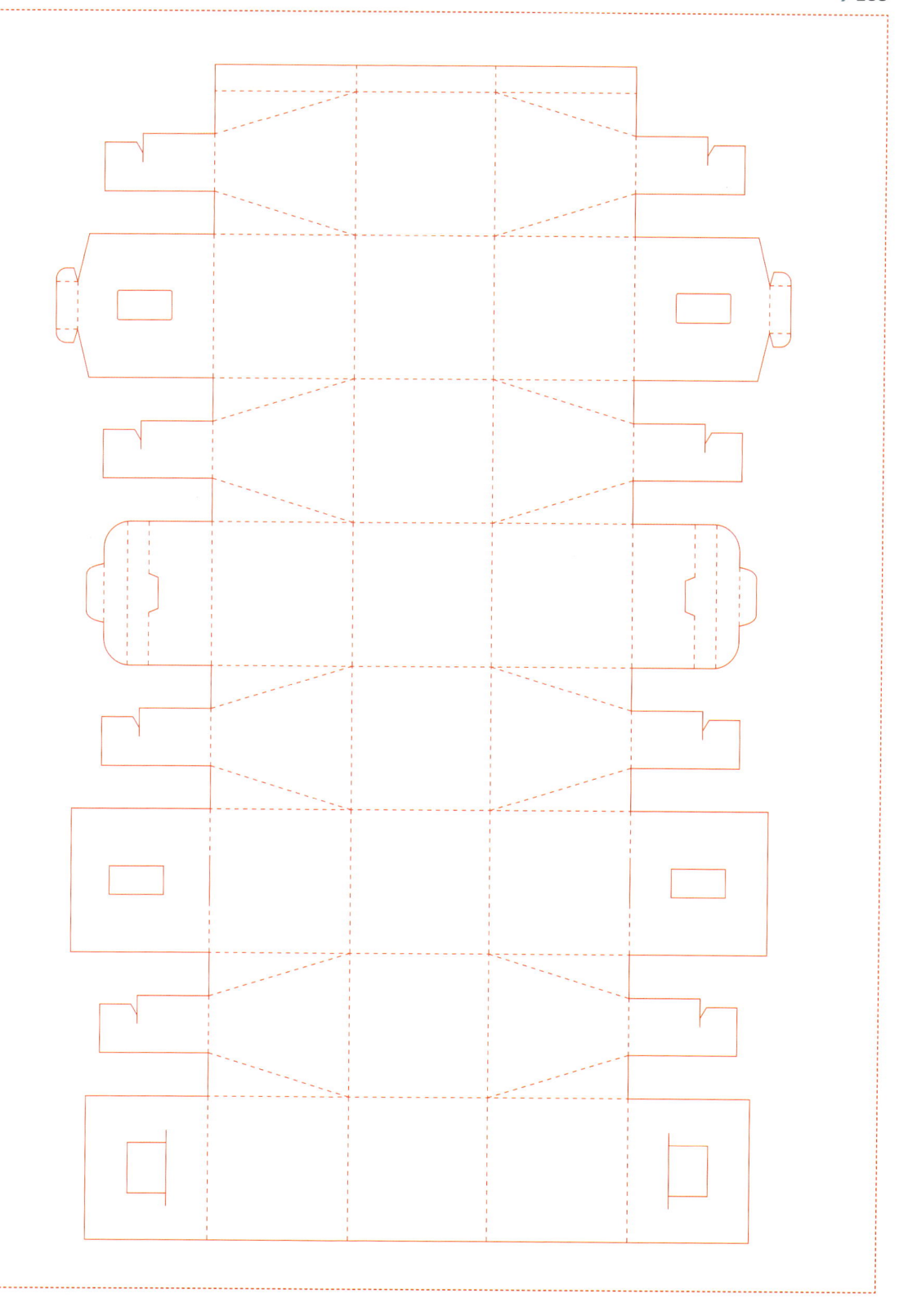

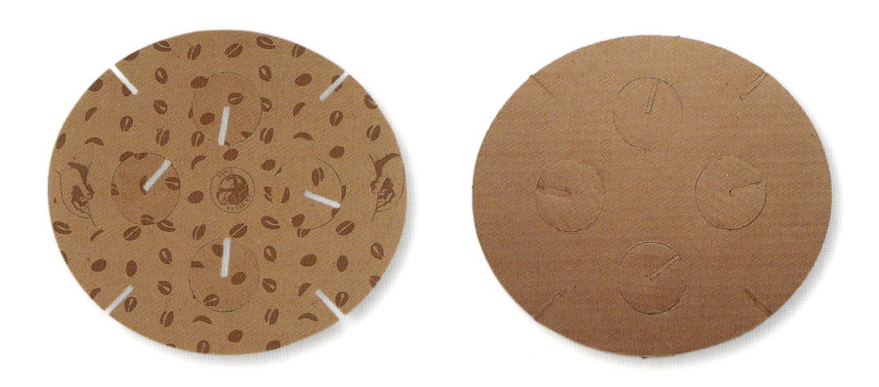

DESIGN	→	Burgeff Company
PROJETO	→	Bandeja de papelão para café
DESCRIÇÃO	→	Quatro círculos foram feitos com meio-corte no centro de uma peça circular de papelão ondulado. Todos os círculos receberam um corte reto a partir da borda. Os círculos pequenos são removidos e podem ser encaixados nas fendas do círculo grande, dando pernas a esta bandeja para café.

→ 261

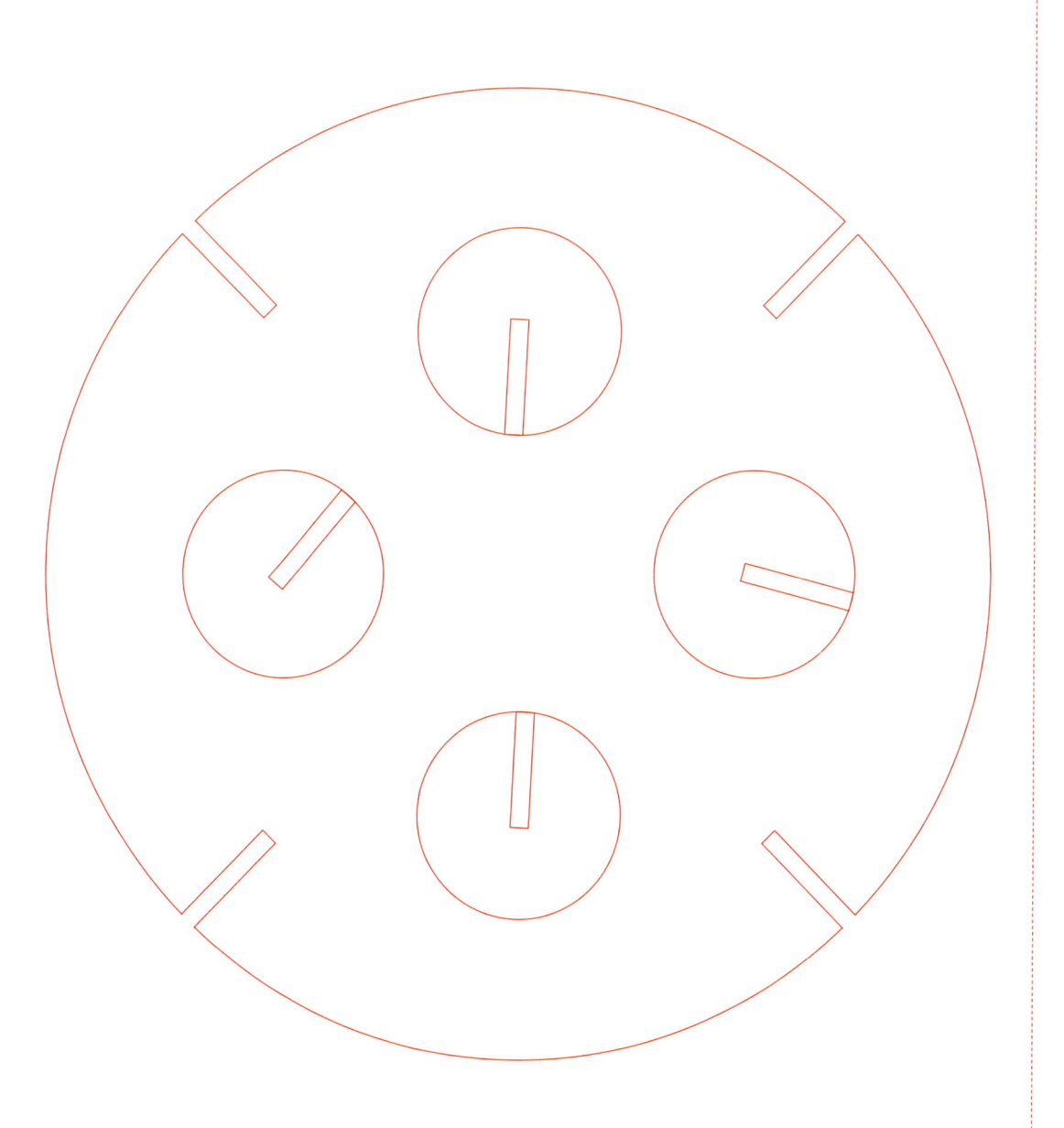

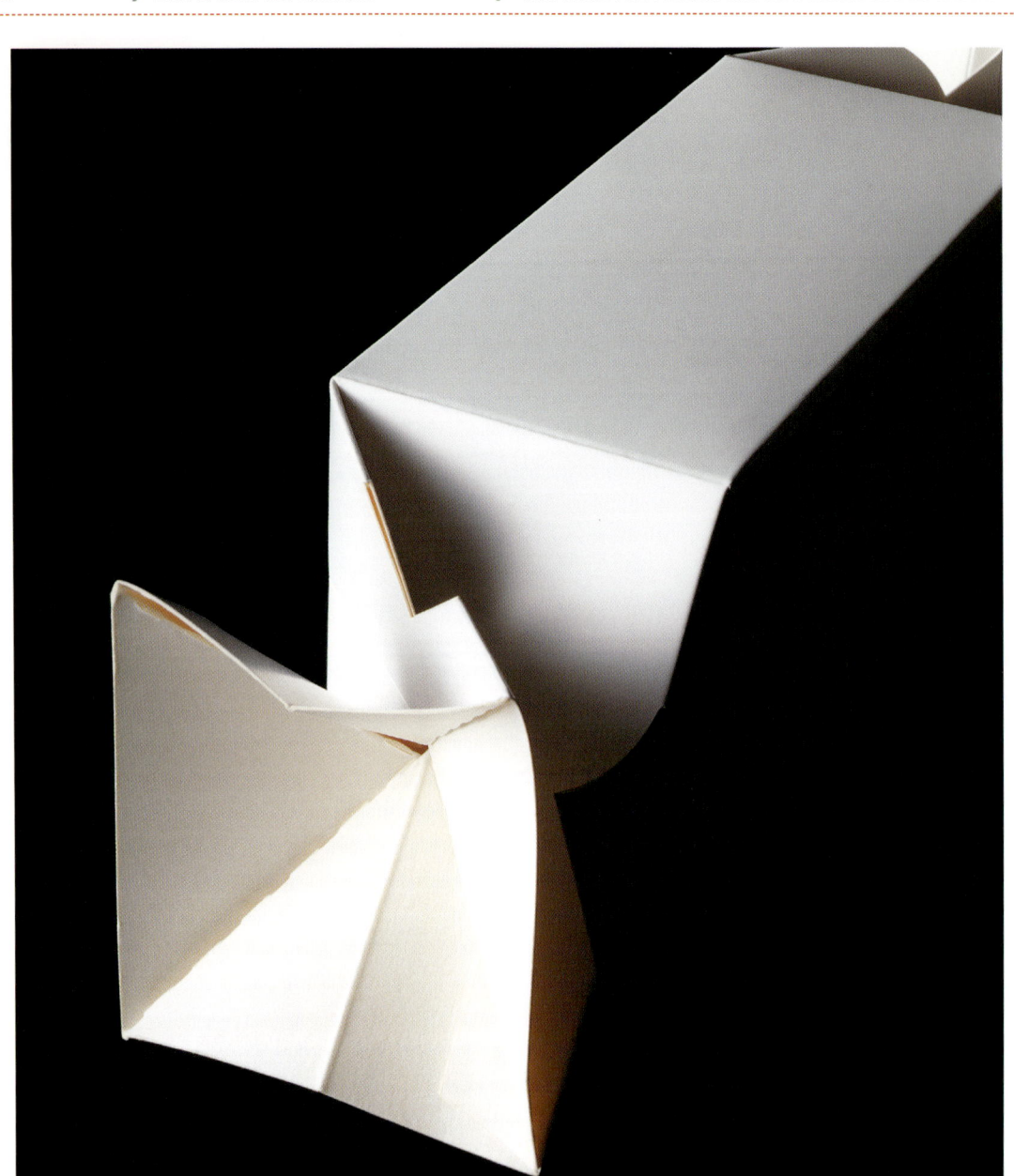

DESIGN	→	M.M. Packaging
PROJETO	→	Caixa em formato de embalagem de bombom
DESCRIÇÃO	→	Esta embalagem é colada ao longo da aba principal e grampeada nas extremidades. Com algumas dobras engenhosas, a caixa ganha a forma de um bombom embalado com uma seção para armazenamento no meio.

→ 263

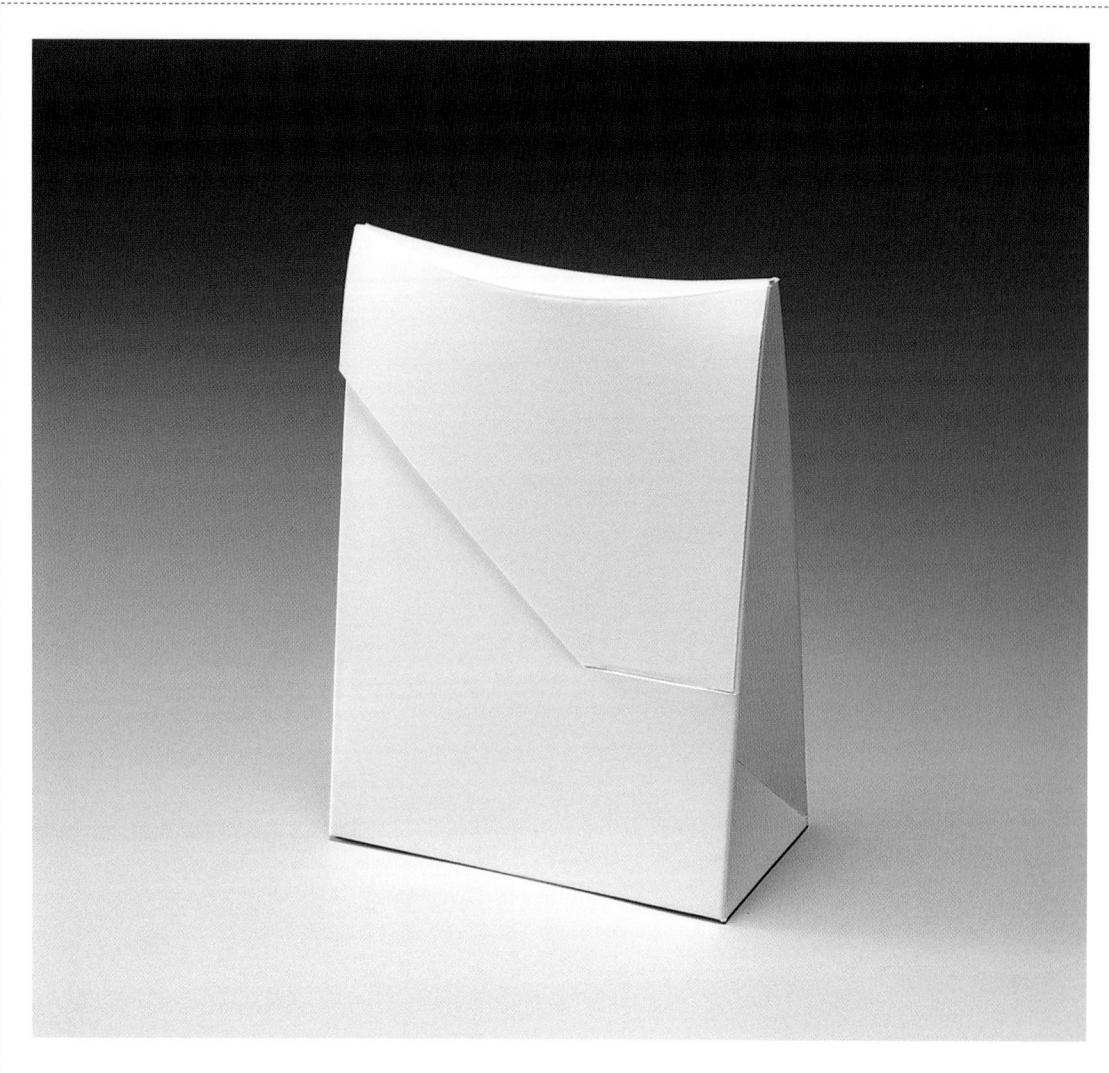

DESIGN	→	Robor Cartons
PROJETO	→	Embalagem com tampa almofada
DESCRIÇÃO	→	Esta embalagem, constituída por base com travas reforçadas, tampa almofada e fechamento com encaixe de abas, foi feita para pequenos presentes e itens de luxo. O uso de cordão cria uma alça e completa esta embalagem elegante e resistente.

→ 265

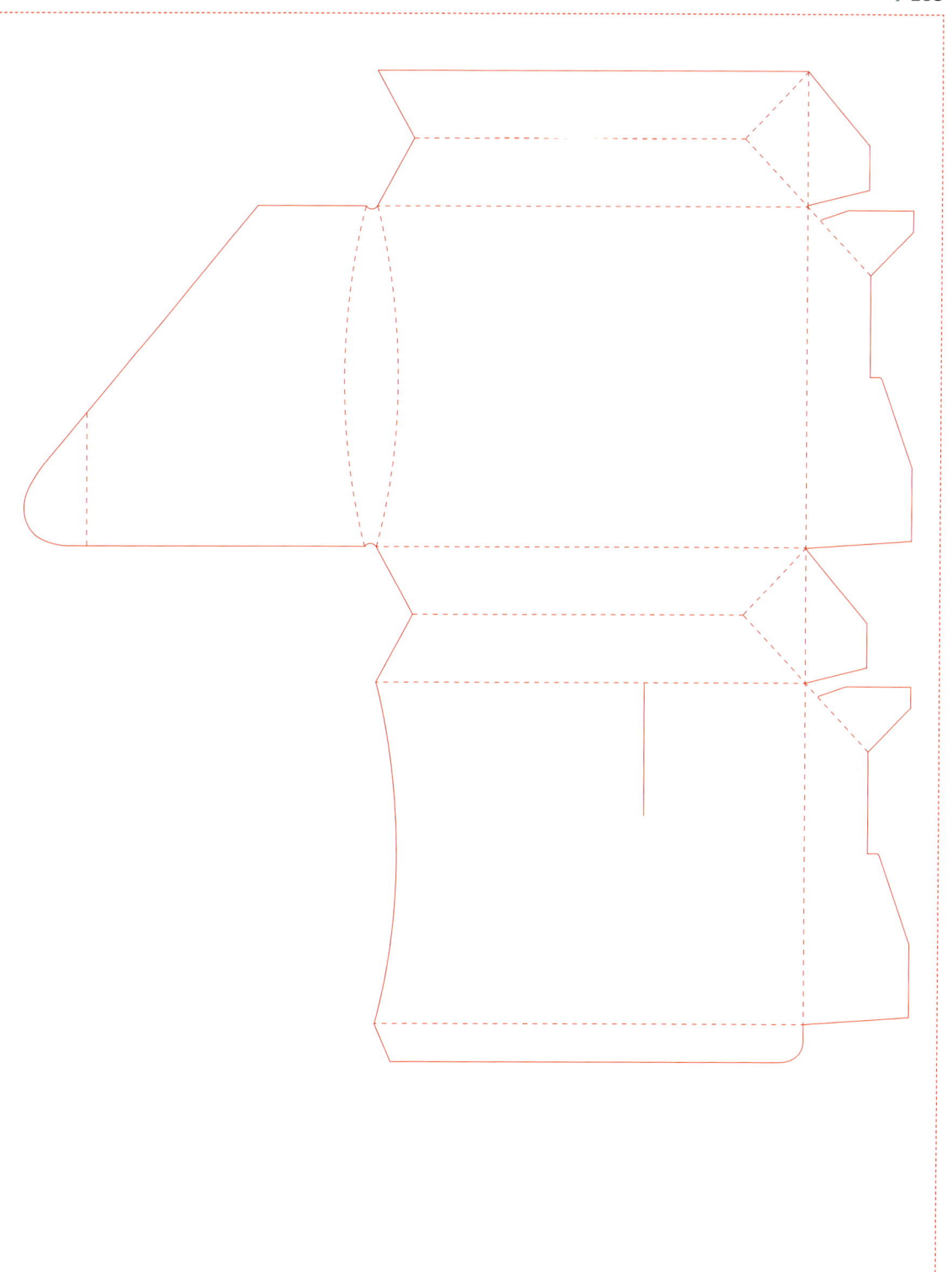

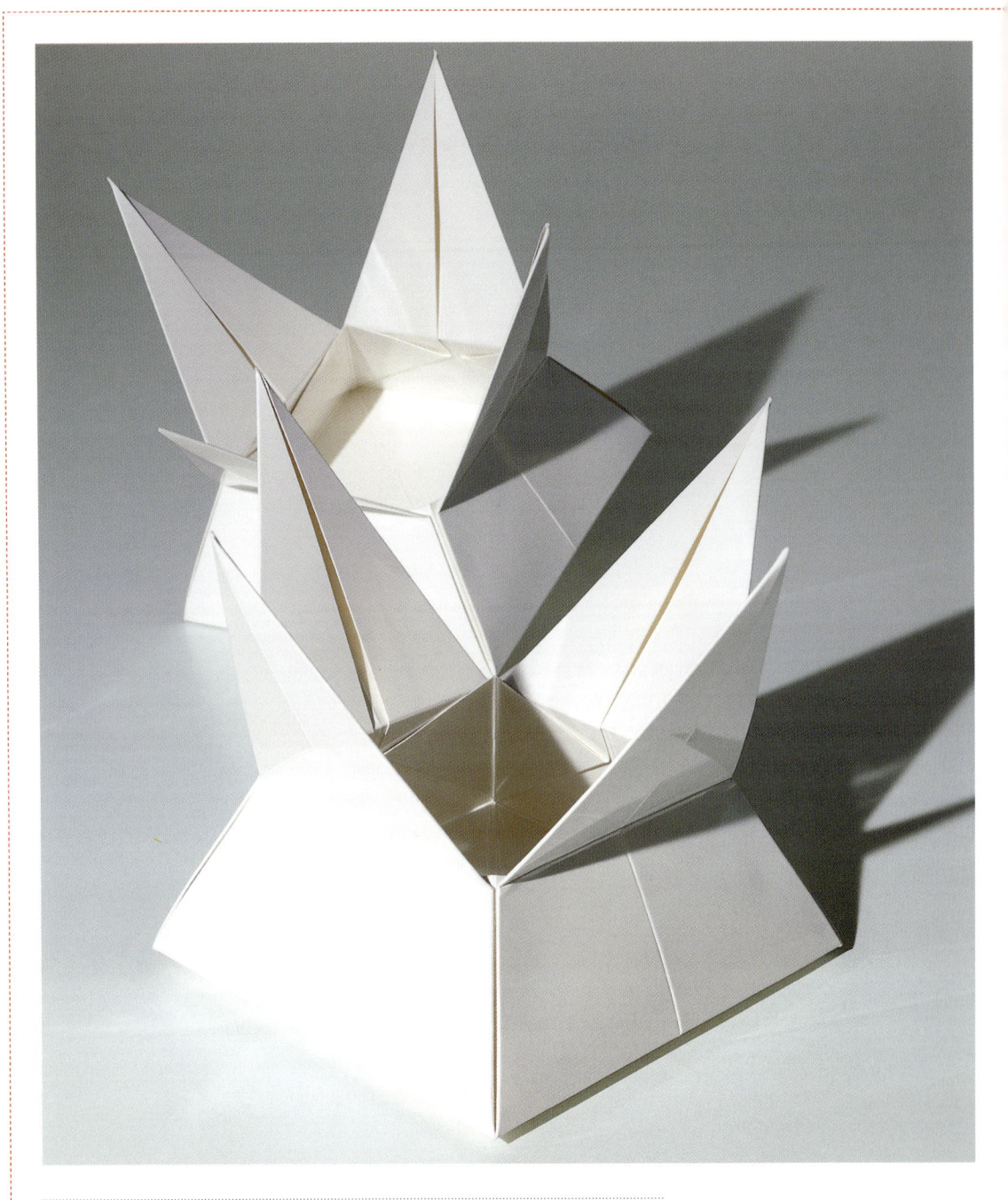

DESIGN	→	Claire Sheldon, Surrey Institute of Art and Design
PROJETO	→	Caixa em forma de estrela
DESCRIÇÃO	→	Caixa com abertura em formato de estrela que pode ser um recipiente decorativo para alimentos, doces e itens de luxo. Também serve para produtos caros de edição limitada ou para promoções de ponto de vendas.

→ 267

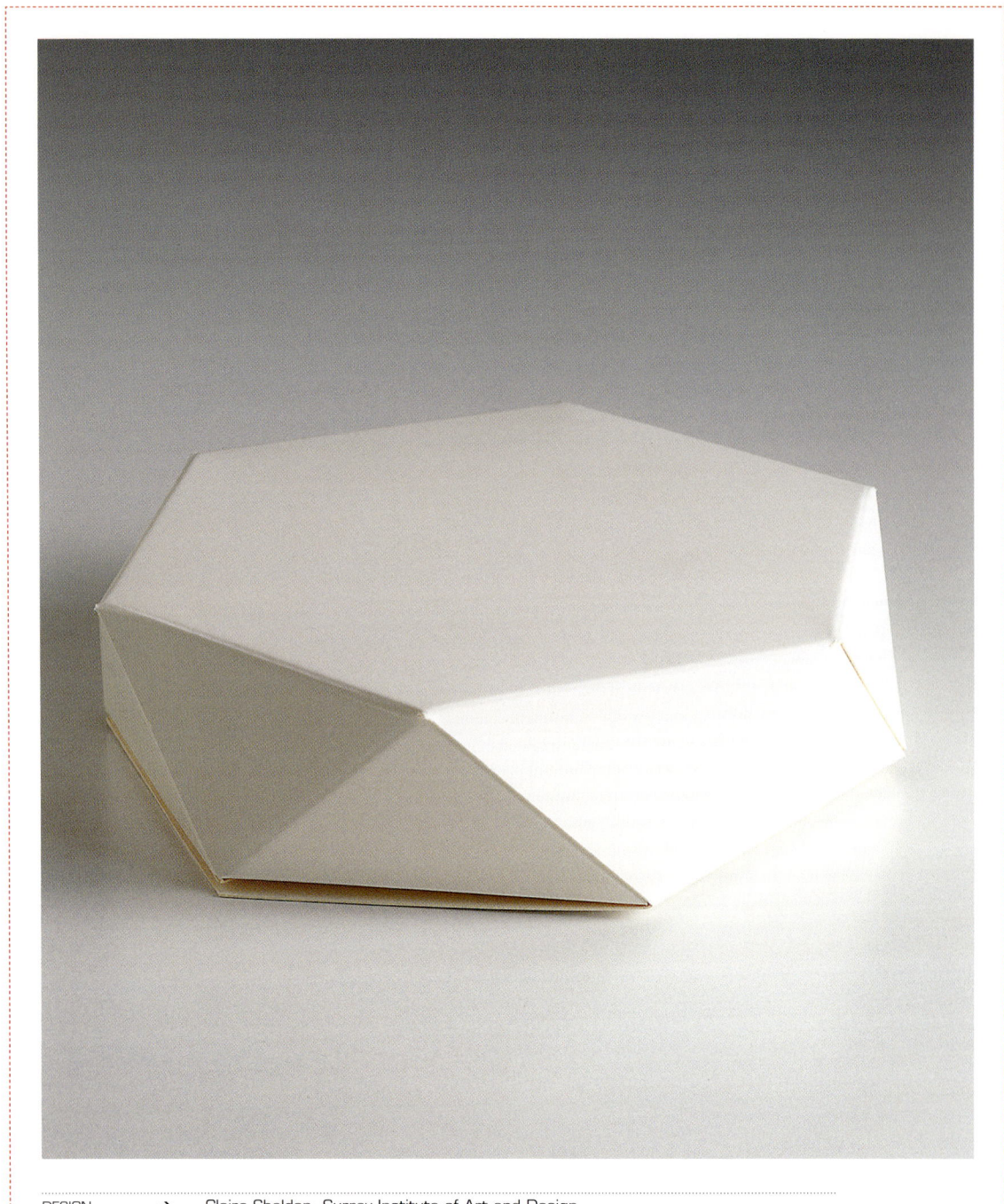

DESIGN	→	Claire Sheldon, Surrey Institute of Art and Design
PROJETO	→	Caixa dodecágona
DESCRIÇÃO	→	Esta caixa tem tampa e base hexagonais, e ganha forma quando as seis abas são coladas. Os doze lados criam um formato de pedra lapidada à caixa e a tampa hexagonal permite acesso ao conteúdo. Este é um bom exemplo de embalagem para produtos de luxo, como doces finos e outros presentes.

→ 269

DESIGN	→	Tetra Pak, Tetra Classic
PROJETO	→	Caixa tetraédrica
DESCRIÇÃO	→	Exemplo simples e clássico de um dos primeiros recipientes para líquidos. É necessário usar cartão laminado, por ser impermeável; além disso, um dos problemas de design inclui encher e esvaziar a caixa. Este é um design clássico aparentemente simples, porém um tanto complexo.

→ 271

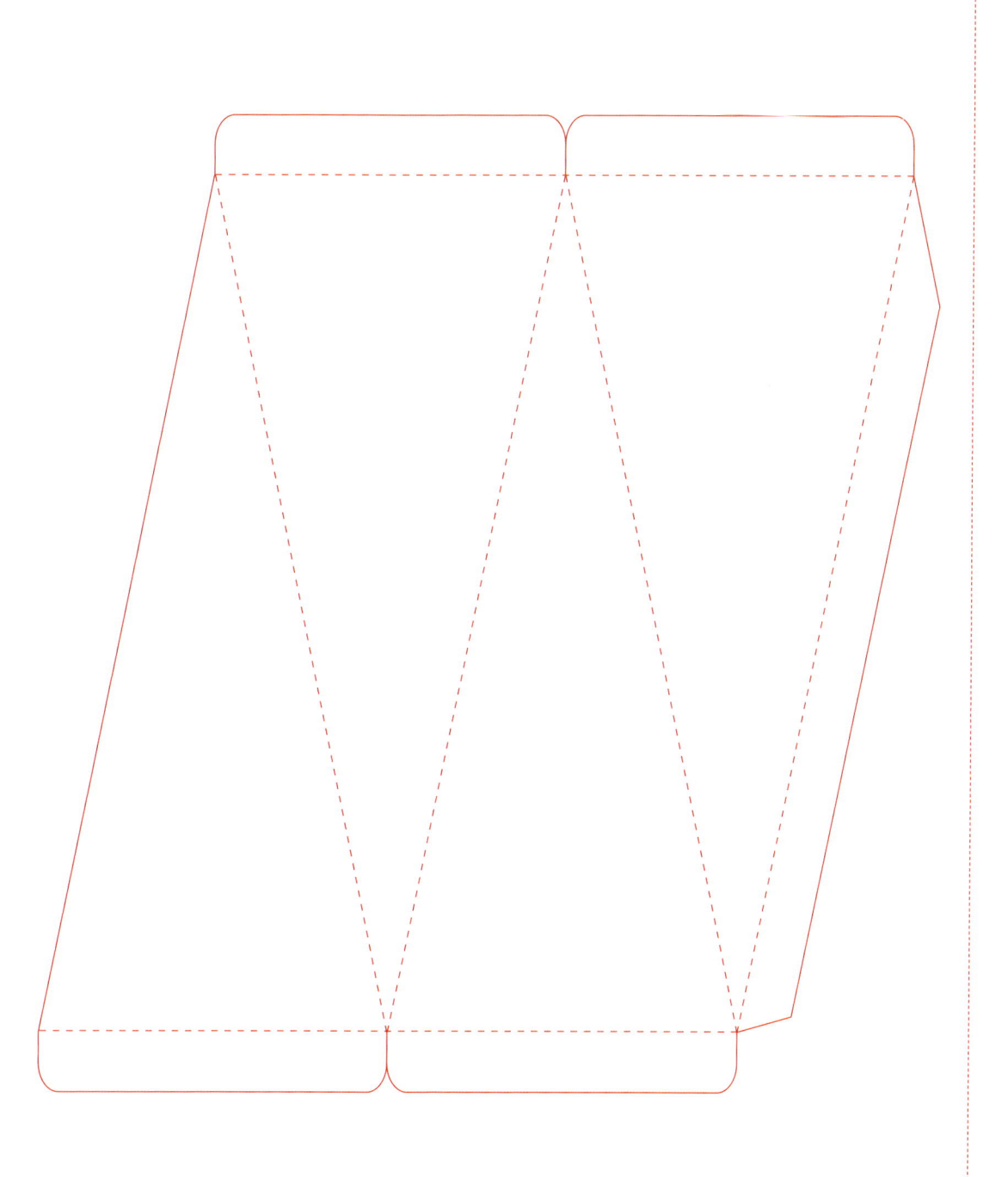

DESIGN	→	Époxy
PROJETO	→	Embalagem de presente da Aroma Sutra
DESCRIÇÃO	→	A construção desta caixa consiste em cinco prismas presos um ao outro que se enrolam para formar uma embalagem pentagonal que contém cinco produtos. Uma cinta mantém a embalagem fechada; aberta, ela pode exibir o conteúdo.

→ 273

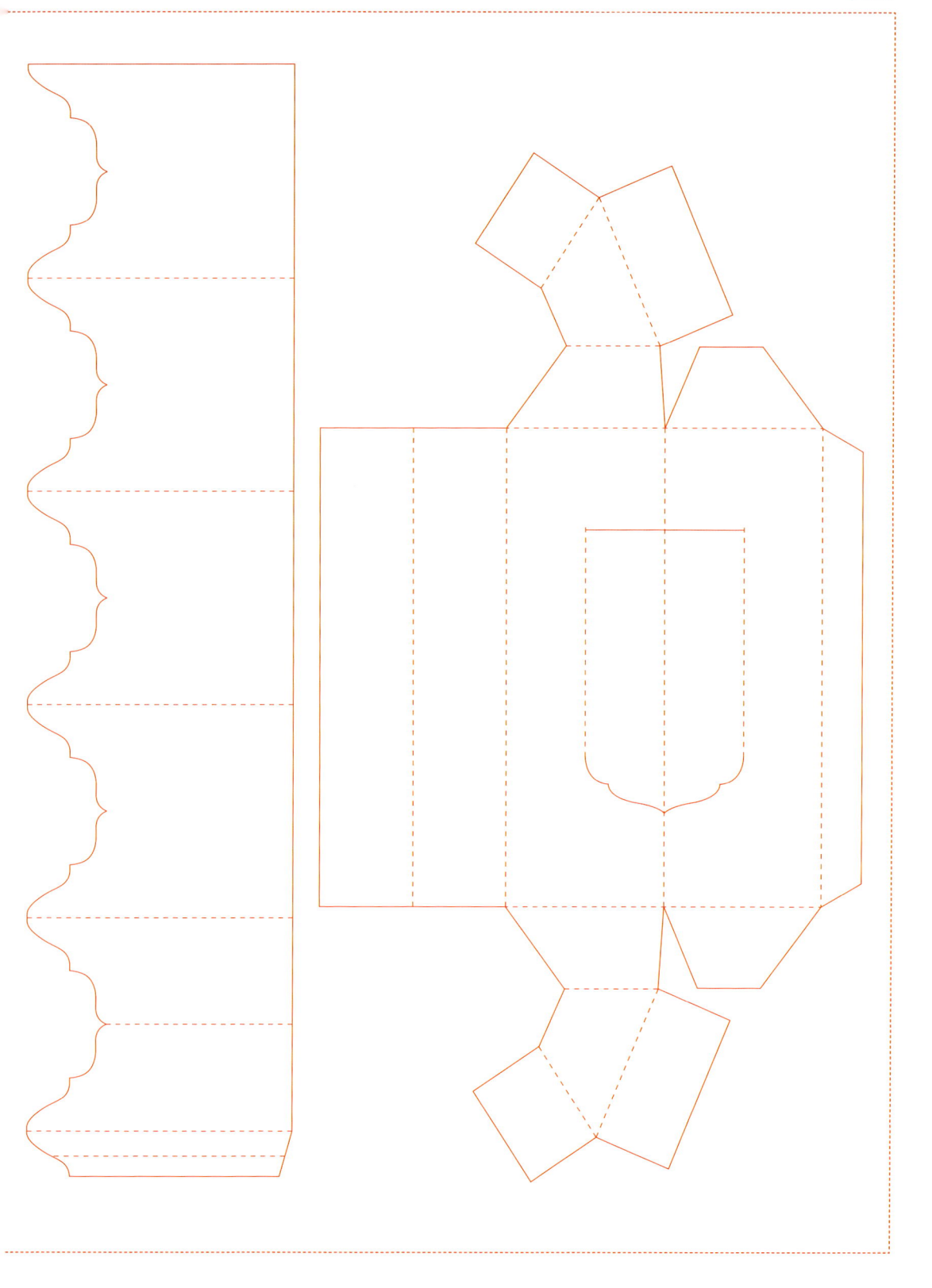

DESIGN	→	Danapak
PROJETO	→	Embalagem display em forma de lápis
DESCRIÇÃO	→	Esta caixa display pode ser usada para expor lápis. O design em duas partes é melhor empregado em displays promocionais ou de propaganda do que para produção em grandes lotes. O anexo hexagonal interno deixa a estrutura mais rígida e funciona como um suporte para o conteúdo.

→ 275

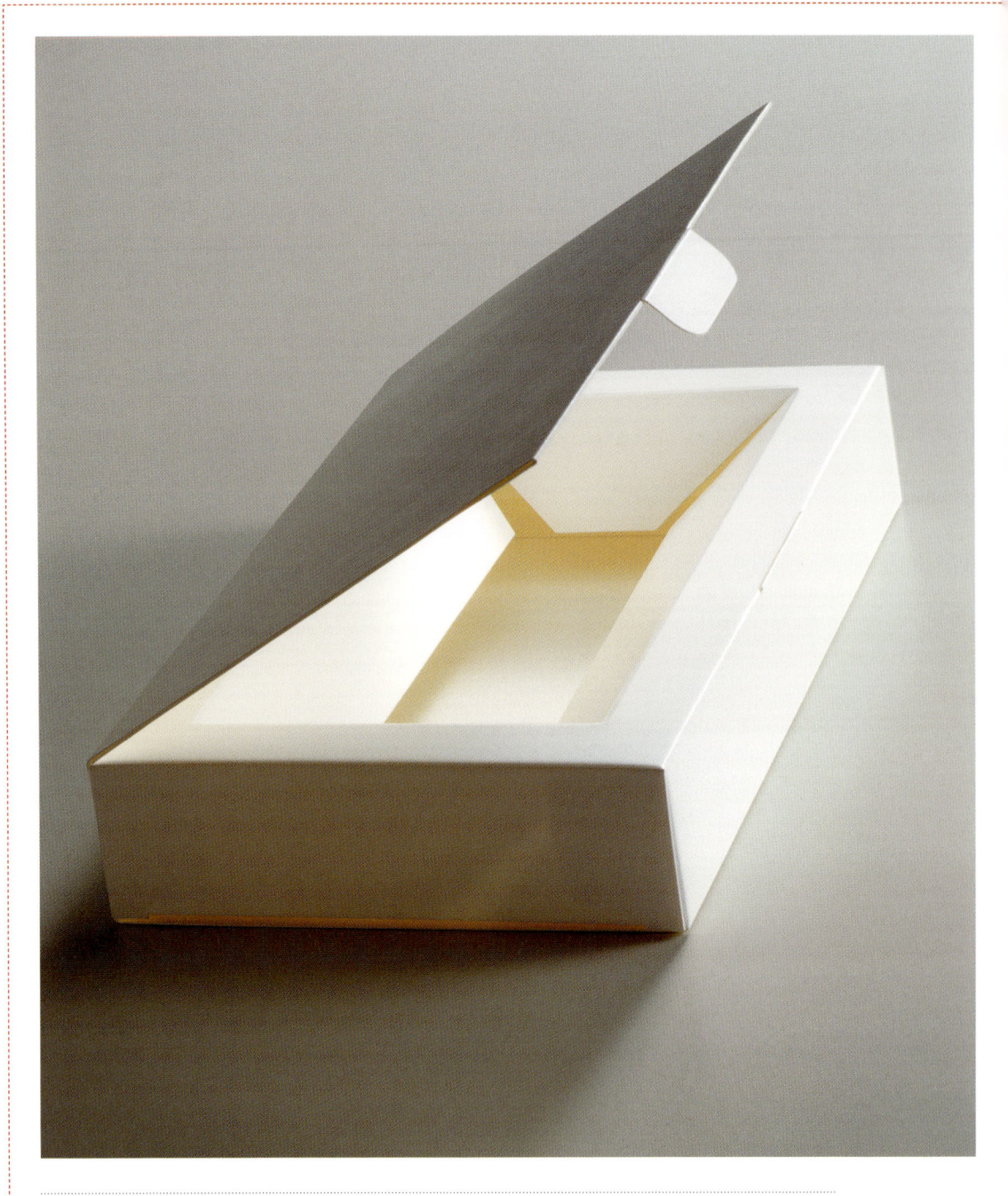

DESIGN	→	Autor desconhecido
PROJETO	→	Caixa para exibição
DESCRIÇÃO	→	Esta caixa possui uma tampa em aba ampla que aberta revela um nicho para a exibição do produto. Cortada de uma só folha de cartão, esta bandeja tem um compartimento específico para o produto. As abas internas que formam a moldura também dão maior rigidez à estrutura e ajudam a proteger o produto.

→ 277

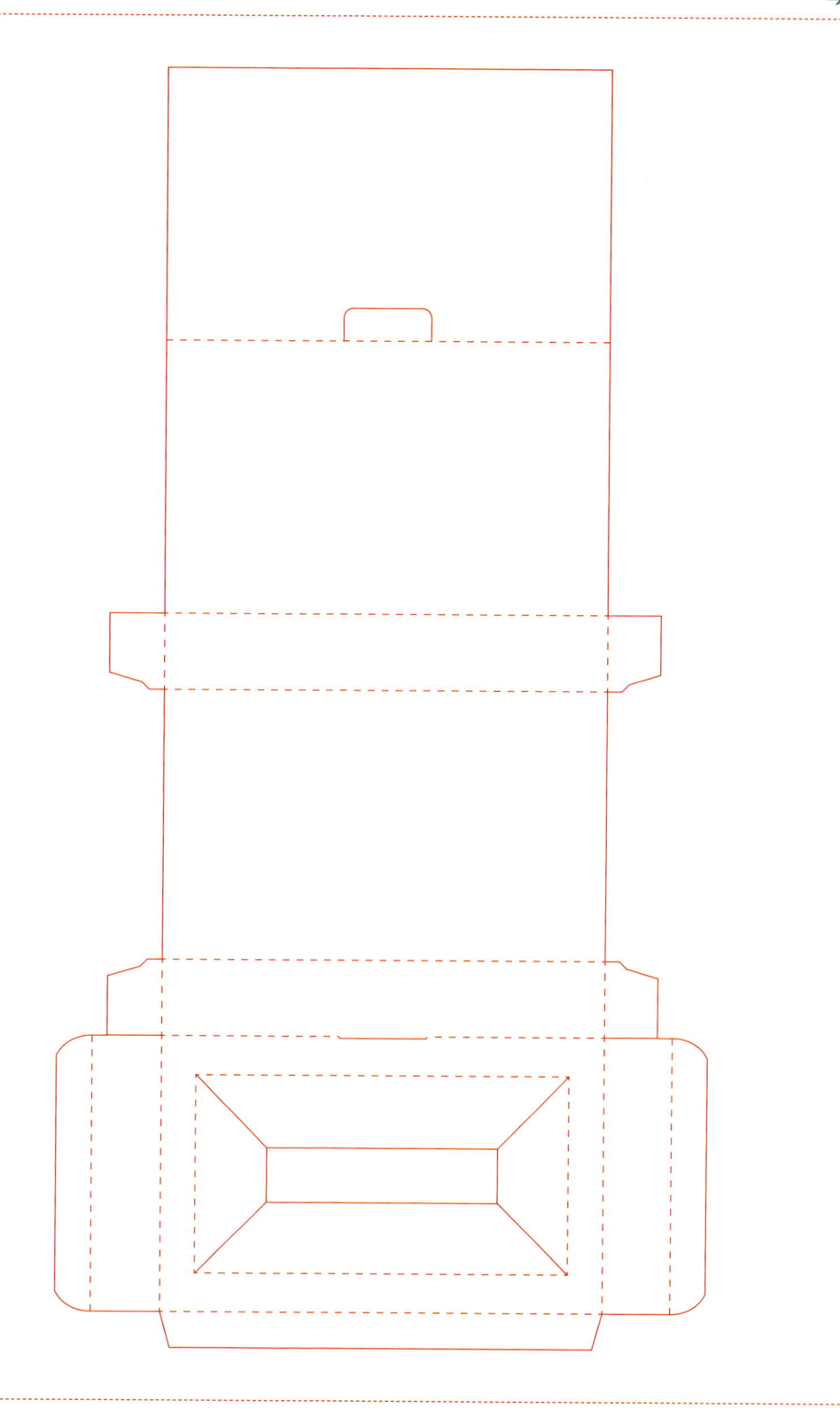

07

PAPELARIA

al City Academy

Capital City Academy
Doyle Gardens
London
NW10 3ST

T 020 8965 0409
F 020 8838 3680
E info@capitalcityacademy.org
www.capitalcityacademy.org

DESIGN	→	Carter Wong Tomlin
PROJETO	→	Artigos de papelaria
DESCRIÇÃO	→	Neste design para os artigos de papelaria da Capital City Academy, a Carter Wong Tomlin utilizou a dobra paralela para criar a imagem de um tijolo.

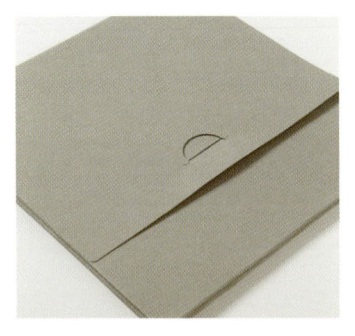

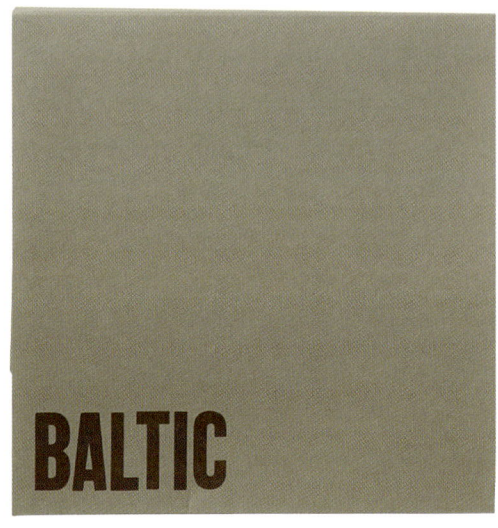

DESIGN	→	Blue River Design Ltd.
PROJETO	→	Sistema de papelaria para um centro de arte contemporânea
DESCRIÇÃO	→	O papel-cartão durável serve de base para uma família de pastas e envelopes versáteis. Os artigos são em tom neutro, de modo a não competir com o seu conteúdo. Esta pasta quadrada com fenda para fechamento é uma embalagem elegante para fotografias em papel brilhante.

→ 283

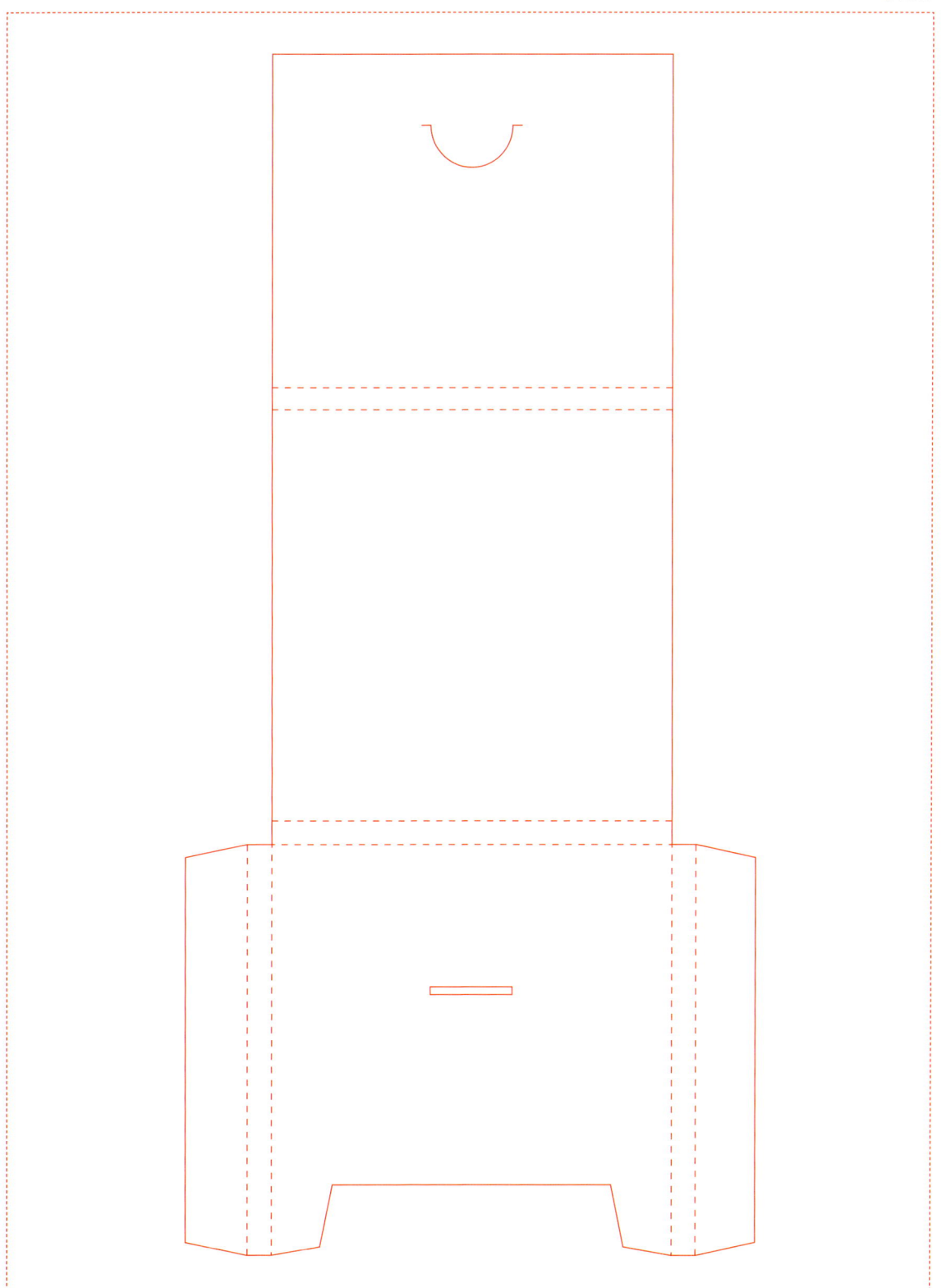

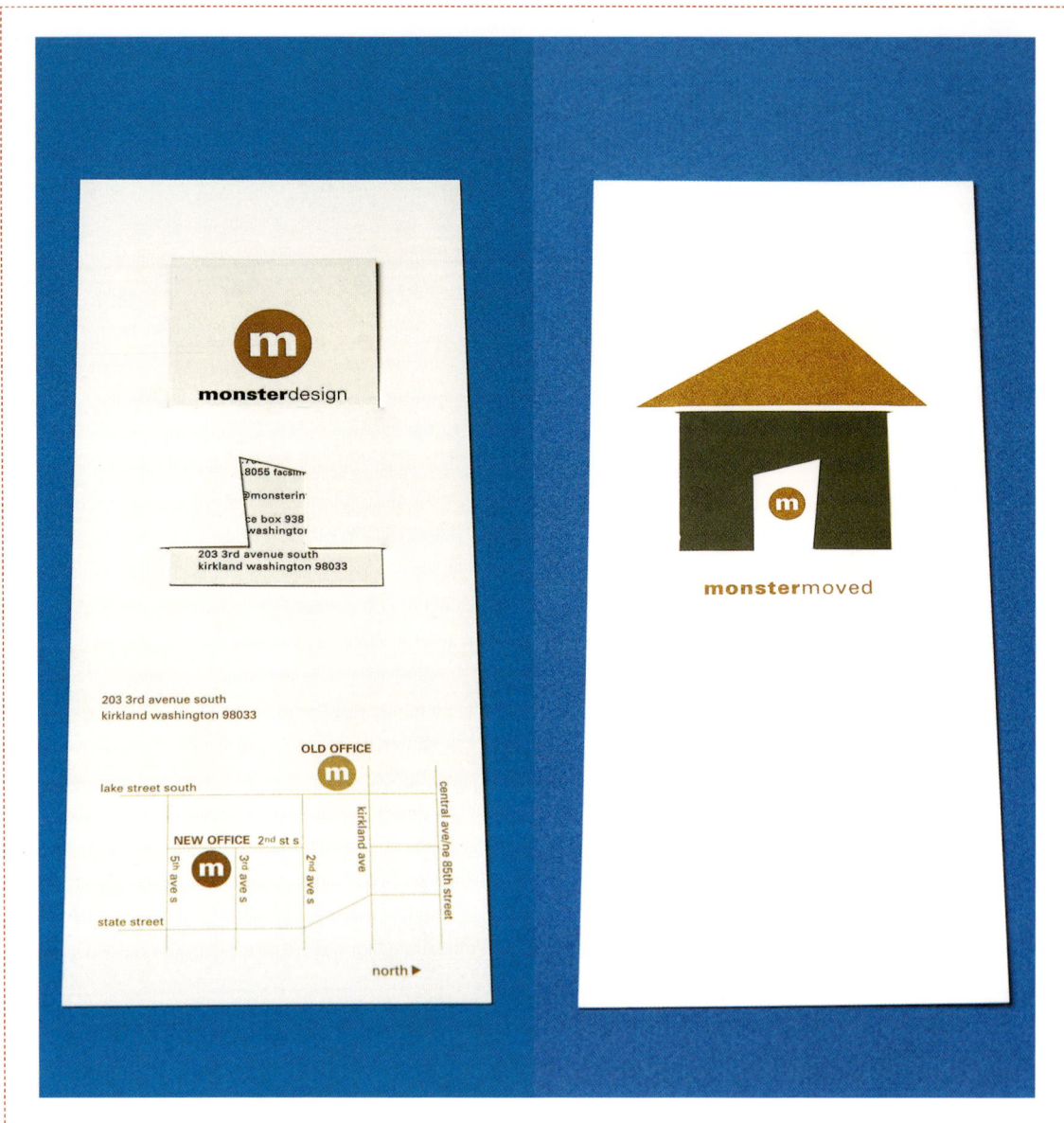

DESIGN	→	Monsterdesign
PROJETO	→	Cartão
DESCRIÇÃO	→	Este cartão combina um cartão de visitas, que pode ser removido e usado, com um cartão de apresentação, desenhado para caber em um envelope de tamanho padrão.

285

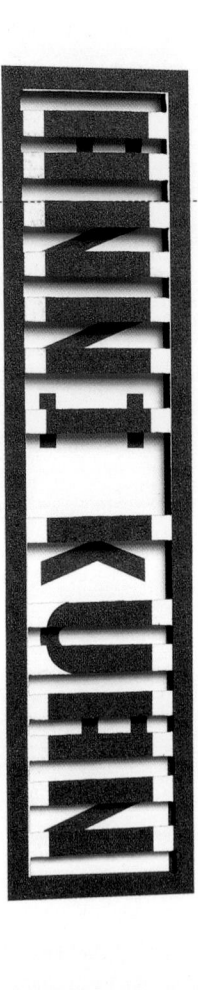

286 → PAPELARIA → TEMPLATES PARA DESIGN GRÁFICO E DESIGN DE EMBALAGENS

DESIGN	→	Sagmeister, Inc.
PROJETO	→	Cartão de visita para Anni Kuan
DESCRIÇÃO	→	Anni Kuan é uma estilista asiática que trabalha em Nova York. Este cartão de visita reúne diferentes elementos abstratos para formar a inconfundível marca da designer.

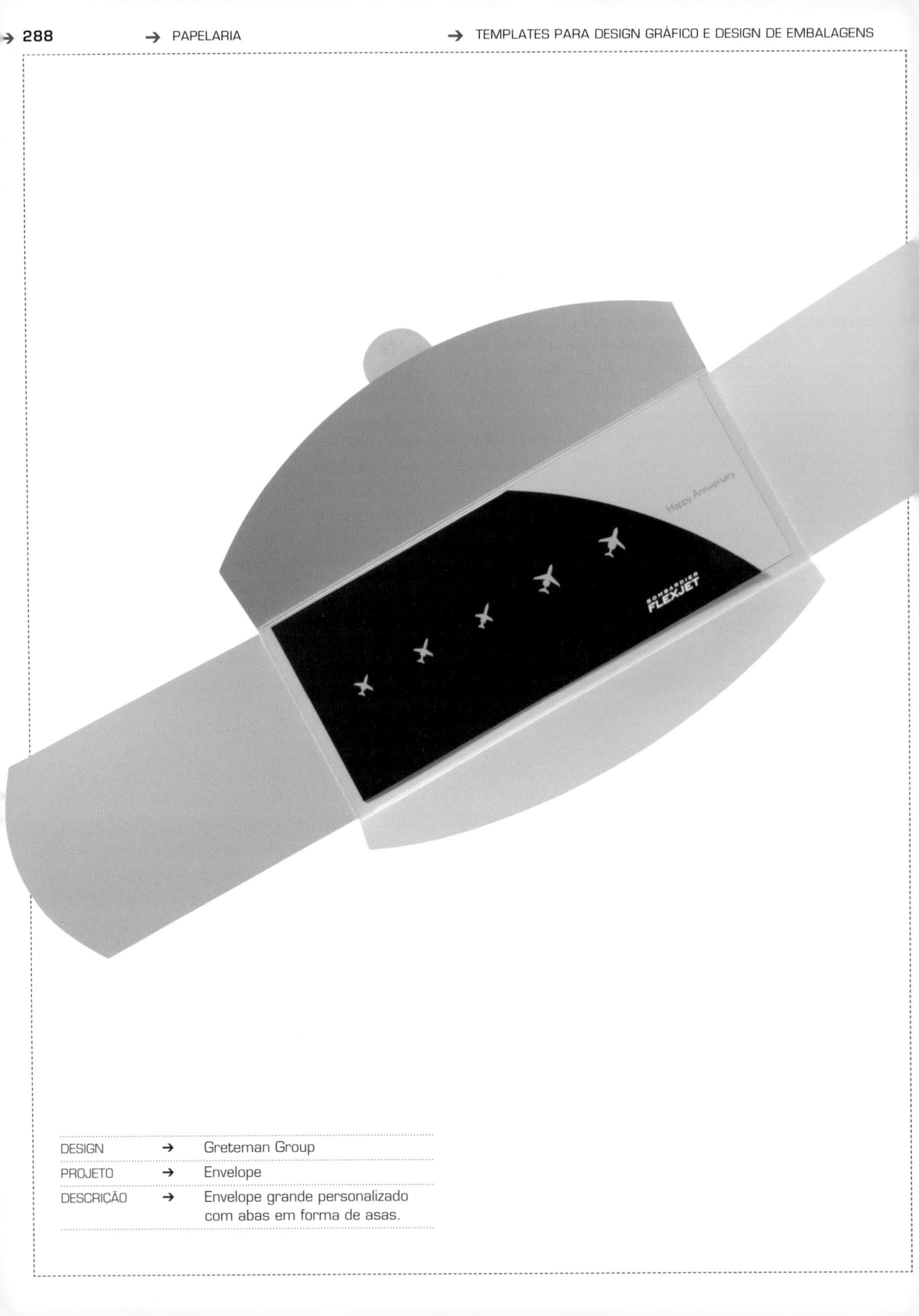

DESIGN	→	Greteman Group
PROJETO	→	Envelope
DESCRIÇÃO	→	Envelope grande personalizado com abas em forma de asas.

→ 289

DESIGN	→	Etu Odi
PROJETO	→	Papelaria para o Goodge Street Dental Centre
DESCRIÇÃO	→	Um dos cantos de todas as peças de papelaria recebeu corte especial com marca de mordida.

→ 291

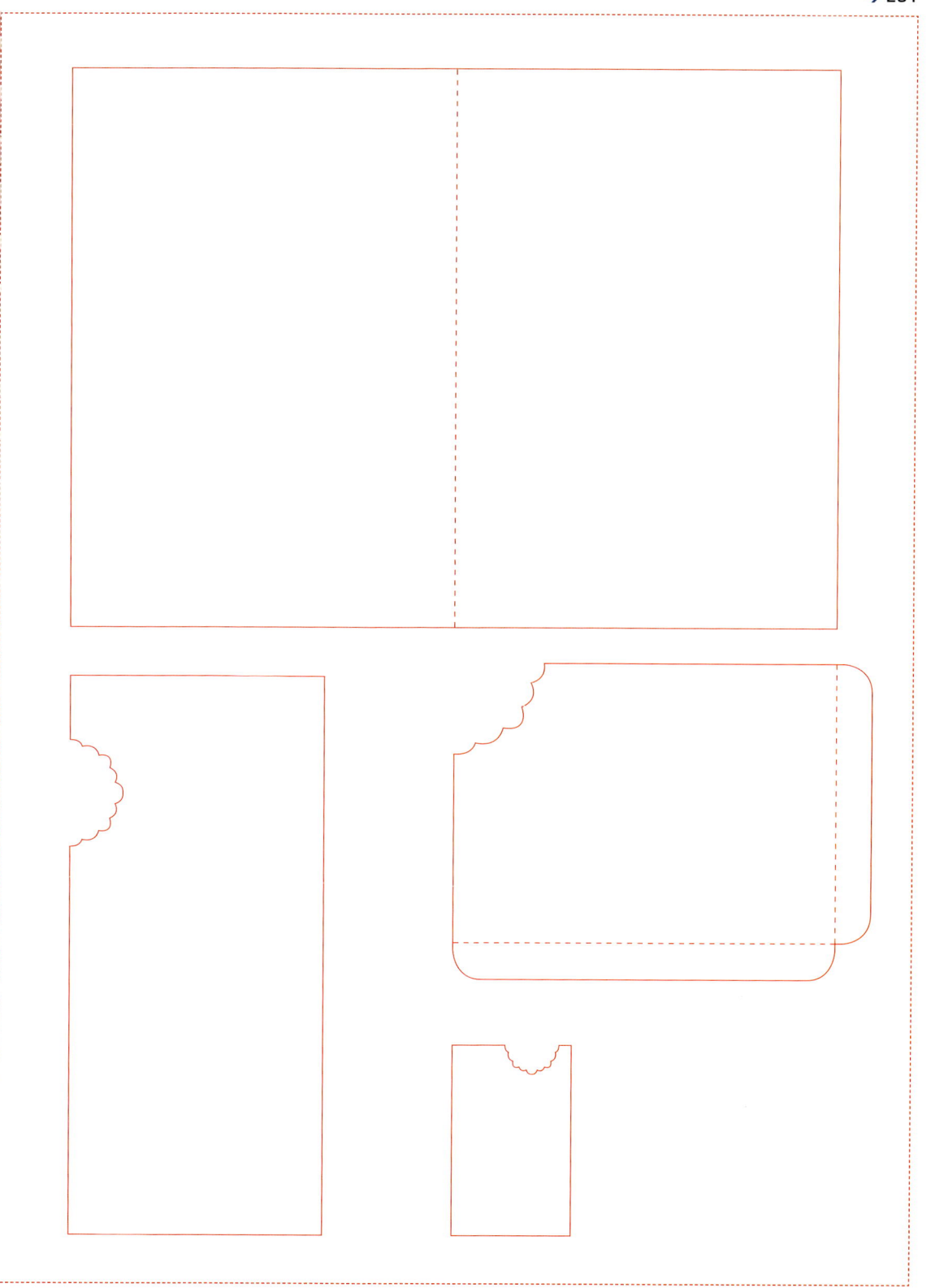

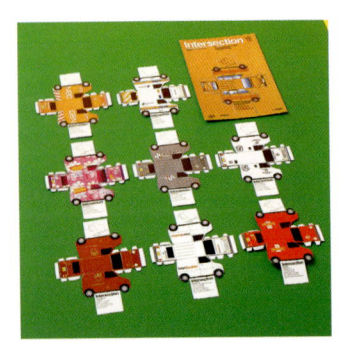

DESIGN	→	Yorgo Tloupas
PROJETO	→	Cartões de visita
DESCRIÇÃO	→	Estes cartões de visita baseiam-se em uma minivan Honda, e foram criados por Yorgo Tloupas para a equipe de sua superdescolada revista de carros, a *Intersection*. Eles são distribuídos abertos e são facilmente dobrados em um pequeno modelo.

→ 293

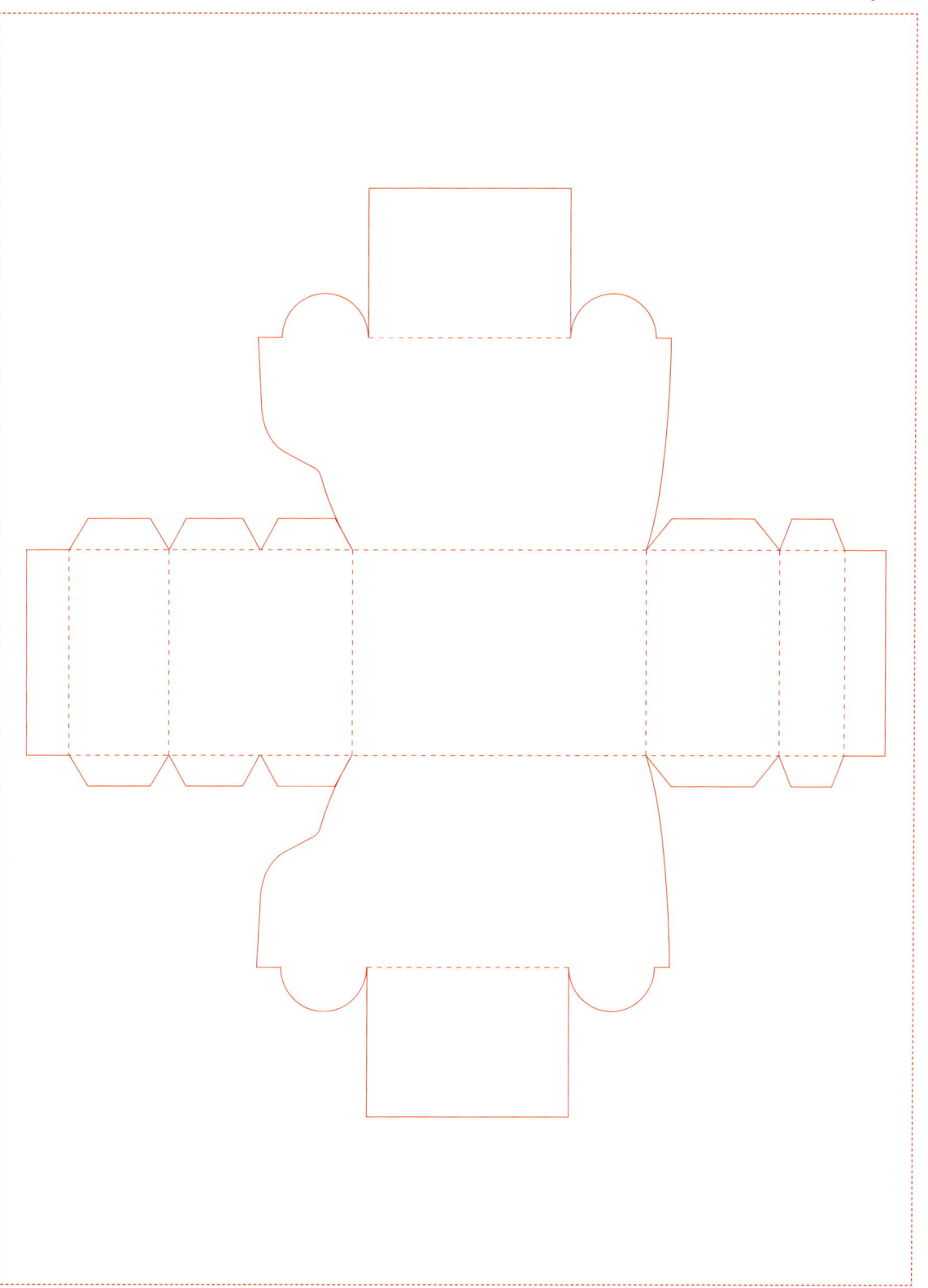

DESIGN	→	Flight Creative
PROJETO	→	Pasta para papelaria
DESCRIÇÃO	→	Pasta com laminado fosco desenhada para guardar materiais em tamanho A4 (210 mm x 297 mm). As abas que formam o bolso têm encaixe em formato de quebra-cabeça e não precisam de cola.

→ 295

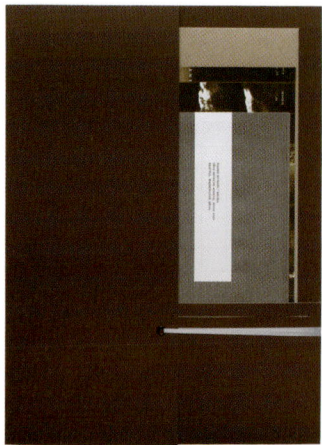

DESIGN	→	Noon
PROJETO	→	Pasta
DESCRIÇÃO	→	O formato desta pasta é interessante e econômico no uso de papel. A capa reduzida faz do conteúdo da pasta parte da apresentação.

→ 297

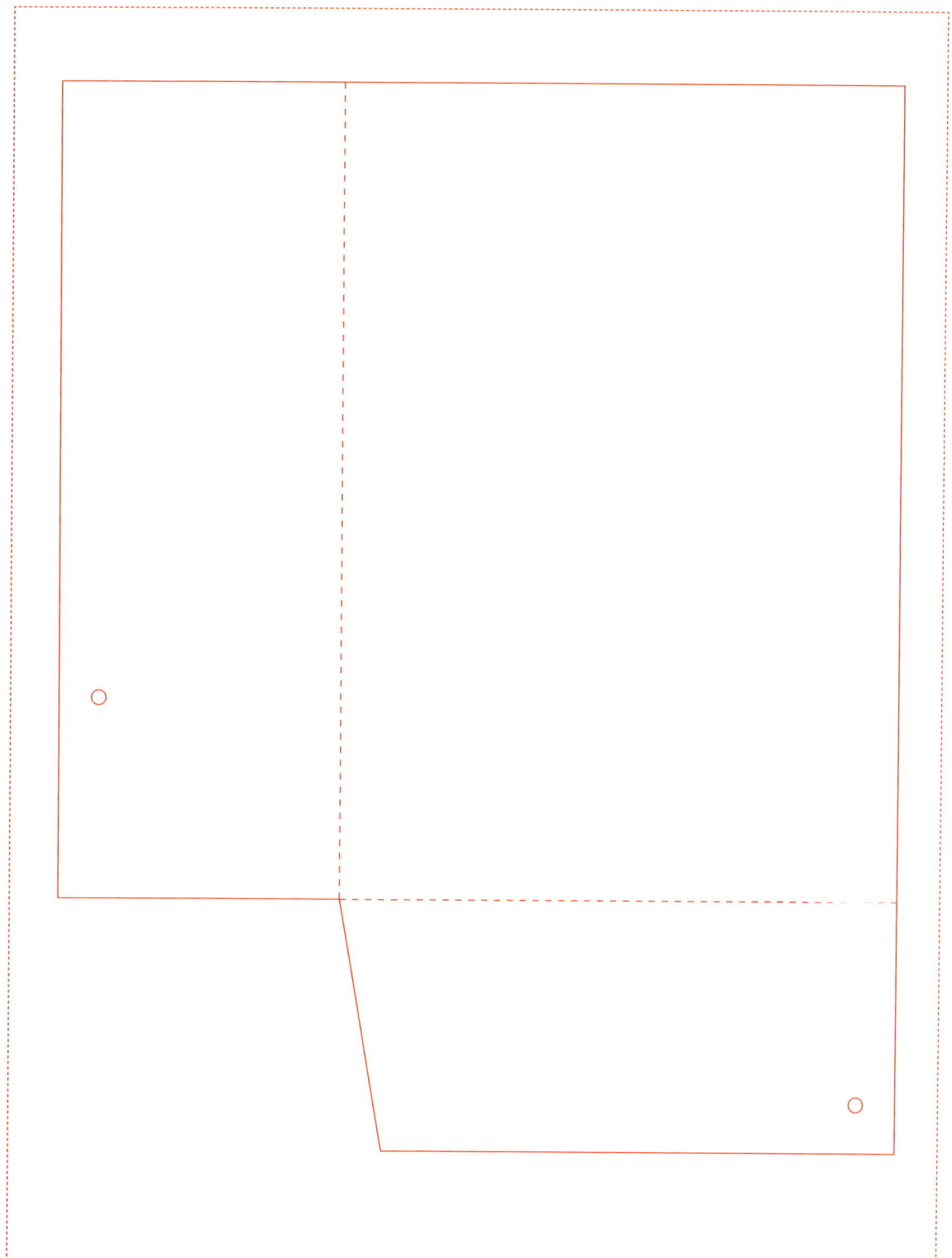

DESIGN	→	Belyea
PROJETO	→	Pasta
DESCRIÇÃO	→	Esta pasta gera grande impacto a um baixo orçamento. Para evitar despesas com colagem, as duas abas internas foram desenhadas para encaixar uma na outra e criar um bolso. O papel translúcido deixa a impressão na aba interna aparecer através da capa, dando uma segunda dimensão ao título.

→ 299

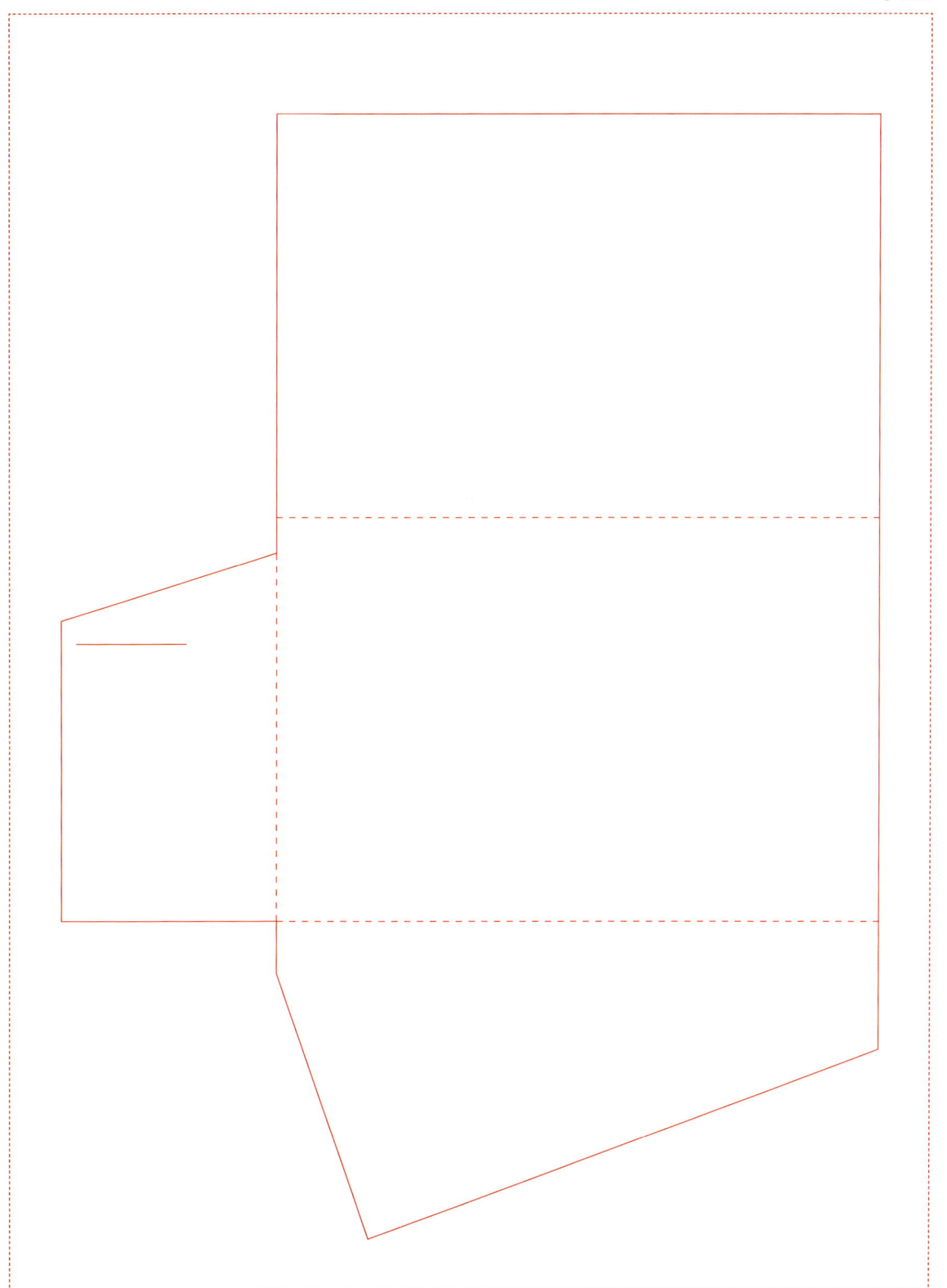

08

ÍNDICE

abertura lateral, caixa hexagonal com 226
Actual Size 96
Adidas 190, 192
Agitprop 78
Albuquerque, Márcia 112
alimentos, embalagem de 210, 236, 266
Almeida Theatre, mala-direta 154
almofada, embalagem 244
almofada, embalagem com tampa 264
And Advertising 130
aniversário, cartão de 88
aniversário, convite para festa de 112, 118
Ano Novo Chinês, cartão de
anúncio, cartão de 126
arco, caixa com tampa em 236
Area 36, 38, 44
Arjo Wiggins, papel 146
Aroma Sutra, embalagem de presente 272
arquitetura, portfólio para escritório de 48
arte, abertura de galeria de 74
arte, exposição de 33, 68, 94
Arthur, Joseph 172
articulada, caixa, com compartimento duplo 218
articulado, convite 102
artista, livro de 22
Artistic Announcements 158
Artomatic 242

B+B 68
Base Design 16
BBC 106
Belyea 298
Berne, Tim 174
Bhachu, Parmjit 222
Bloomberg 90
Blue Lounge Design 52
Blue River Design 282
boas festas, cartas de 144
boas festas, mensagem de 96, 158
bola na rede 190
bolsa de mão 36
bombom, caixa em formato de 262
Bombshelter Design 172
Brandt, catálogo de 34
Bull Rodger 114

Burgeff Company 260
bússola, convite em formato de 122
Brandt, Bill 34
Byram, Stephen 174

C505 184
café, bandeja de 260
calendário, mala-direta 158
Capital City Academy, artigos de papelaria 281
cartão de visita 284, 287, 292
cartão comemorativo 96, 104, 110, 120, 128, 130
cartão, embalagem de apresentação em 180
cartão, mala-direta em 156
cartão, pasta em 64, 90
cartão, sacola em 230
carteira para joias 242
cartela de fósforos 176
Carter Wong Tomlin 109, 116, 281
Carter, Simon 92
Cartlidge Levene 20
cartões postais em pasta 148
cartucho de papel-cartão 238
casa noturna, folheto de 160
casamento, convite de 100, 124
catálogos 30-65
CDs 170-207
centro de arte contemporânea, sistema de papelaria de 282
CGM Ltd. 234, 236
Chapell, Andréa 246
Chen Design Associates 100
chinesa, lanterna 112
Chromolux 198
circular, publicação 50
coletiva de imprensa, convite para 116
Coley Porter Bell 162
Communication Visual 54
comprida e estreita, pasta 62
conferência de viagem, convite 114
conjuntos, itens em 218
convites 66-135
cosméticos, embalagem de 228, 238
crianças, catálogo de exposição para 33
CUBE, revista 24
cubo mágico 33
curvilínea, caixa 240

Danapak 274
De Mitri, Giorgio 24
desconhecido, autor 216, 218, 226, 244, 250, 254, 276
desdobrável, mapa 70
desfile de moda, convite de 82
Design 5 156
Design Bridge 210
design de interiores, inauguração de loja de 98
deslizante, cartão 128
Di Gioia, Patrici 24
dobra-janela dupla, mala-direta com 164
doces, embalagem de 216, 240, 244, 266, 268
dodecágona, caixa 268
Dutchman Smooth, papel 162
DVDs 170-207

"&", cartão 130
e-Types 238
editado pelo autor, livro 12
Eggers + Diaper 148
Eggers, Dave 26
envelope grande personalizado 288
EON Centre for Health and Wellbeing, convite 80
Épôxy 272
escultura de papel, cartão em 104
Etu Odi 290
Euroslot 244
exibição, caixa para 276
exposição, convocação de trabalhos para 68

Fabrica 14
Factory Design 70
Farrington, Paul 22
Farrow Design 220
Felder, Peter 118
festa de verão, convite para 106
festa, convite de 106
figura no banco 154
Fitch, Rodney 73
FL@33 28
Flight Creative 294
Florian 190, 192, 194
folders 30-65
folha de trevo, caixa com fechamento em 250

folhetos 136-69
Ford & Earl Associates 166
Four5one 200
Fowler, Tom 126
Frost Design 256
Frost, Vince 46, 80
Future Map, convite/catálogo 76

galeria, catálogo de 56
General Public 168
Gentil Eckersley 202
GF Smith 143
Goddard, Cherry 246
golfe, convite para torneio de 70
Goodesign 124
Goodge Street Dental Centre, artigos de papelaria 290
grande formato, catálogo de exposição em 36
grande impacto, pasta de 298
Gress, Drew 174
Greteman Group 64, 288
Griver, Brian 82

Hat-trick 98
HDR Design 40
Heads Inc 120
hexagonal, caixa, com tampa 224
HKF, convite para torneio de golfe 70
Honda 292
Horowitz, Eli 26
House, Julian 84

IE Design 60
Ikono, papel fosco 82
Imagination 82
impermeável 270
impressão tipográfica 100
Inaba, Hideki 206
interatividade 6
Intersection, cartão de visita da revista 292
intr_version records 176
Iris Associates 10, 144

japonês, papel 100
Jirku, Tomas 176
joalheria, catálogo de 44

Kessels, Eric 12
KesselsKramer 12

Kolégram Design 58
Kuan, Anni 287
Kuan, cartão de visita 287
Kysen Communications Group 128

laminado, cartão 270
lápis, caixa de 256
lápis, embalagem display em forma de 274
laterais inclinadas e tampa com abas, caixa com 216
laterais reforçadas, sacola em cartão com 230
leques 106
letra, folheto em forma de 141
Levi´s, embalagem 220
Lidbo, Håkan 188
Likovni Studio 196
limitadas, edições 266
líquidos, embalagem para 270
livro comemorativo 20
livro de bolso, brochura 40
livro, folder de 18
livros 8-29
London Fashion Week 82
London Institute 76
luxo, embalagens de 264, 266, 268

M.M. Packaging 212, 248, 258, 262
macarrão, copo de 210
Made Thought 34, 198
Madison, Margot 88
Mail-me, embalagem de livros 14
mala-direta 136-69
maleta 146
manchas de vaca, design de 73
Maskrey, J. 242
Matisse Picasso, convite de exposição 94
McConomy, Aaron 176
McSweeney's, revista 26
mesa, cartão de 78
mesa, cavalete de 132
metal, convite em etiqueta de 134
Metalli Lindberg 144
Methodologie 62
MFI, relatório de vendas 232
Mill Lab 198
miniatura, livro em 12
minivan 292

Missing Links 12
moda, catálogo de 38
moda, desfile de 78, 86, 148
modelo 292
mordida, marcas de 290
Mosterdesign 284
Mr Lee, embalagem de alimentos 210
mudança de endereço, cartão de 162
Mulligan Womenswear, convite 82
Multistorey 92
Murray, Octavius 104
museu, brochura de 50

Nassar Design 48, 110, 134
NB: Studio 106, 154
Neverstop 184
Nike 184
No One is Innocent, capa de CD 182
Noon 296

Office Orchestra, embalagem para artigos de papelaria 246
Orange 109

páginas escondidas 22
Pandarosa 188
panfleto 152
Pao & Paws 186
papel artesanal 100
papel, amostra promocional para fabricante de 146
papel, barco de 114
papelão, bandeja de, para café 260
papelaria 278-99
papelaria, pasta para 294
para levar, embalagem 236
pardo, sacola de papel 232
pares, itens em 218
pasta com formato diferenciado 296
patenteada, embalagem de sapatos 252
Pentagram 252
Pfadfinderei/ Florian 190, 192, 194
piramidal, caixa 212, 248
Plan B 204
Plasma Polycoat, mala-direta 143
Plazm 74
poesias, coletânea de 28
pop-up, cartão 160
portfólio 46

pôster 152, 202
presente, embalagem de 216, 228, 240, 250, 264, 268, 272
produtos, embalagem de 208-77
promocionais, cartas 144, 150
promocional, material editorial 54, 60
promocional, calendário 132
promocional, cartão 166
promocional, catálogo 52
promocional, folheto 139
promocional, livro 10
promocional, mala-direta 150, 168
propaganda, displays de 274
Pulseprogramming, embalagem de CD 178

quase esférica, embalagem em cartão 258
quebra-cabeça, embalagem para 244

Rabih Hage, convite 98
Rainey, Tom 174
Red Tab 220
Remarkable, caixa de lápis 256
Ren, 228
restaurante, convite de aniversário de 73
revista, cartão de visita de 292
revistas 8-29
Riordon Design 132, 139
Robor Cartons 224, 230, 240, 264
Rose Design 232
Roundel 42

roupas masculinas, convite para coletiva de imprensa 92
roupas, embalagem de 220, 240, 244
Royal Horticultural Society, convite 116
RSVP, formulário 80, 162

sabonete, embalagem de 214
Sagmeister Inc 214, 287
Salterbaxter 94, 143, 164
sans+baum 76
sapatos, caixa de 252
Savage Open House, convite 74
Sayles Graphic Design 56
Secondary Modern 152
Seeger, Hans 178
Seroussi, Laurent 182
Shachter, John 178
Sharp Communications 122
Sheldon, Claire 266, 268
showreel, estojo de 198
Sinclair/Lee 150
Skin Jewelry, embalagem 242
Smiths of Smithfield, convite 73
Stockham, Joanne 33
Studio International 50
Superga 252
suporte, caixa para 222
Surrey Institute of Art and Design 222, 266, 268

tampa/laterais afuniladas 254
Tao, David 186
Tate Modern 94

tênis com cadarço 192
Terra, Carolina 112
Tetra Classic 270
Tetra Pak 270
tetraédrica, caixa 270
TGB Design 180
The Mil 198
The Mill Film 198
tijolo 281
Tloupas, Yorgo 292
Tom Flower Inc 126
tridimensionais, letras 139
tubular, caixa 246
Tyvek, kit de maquete de casa 178

U2 200
Unavailable, embalagem de sabonete 214
Union Design 18

vários lados em cone, caixa com 234
vela, lanterna de 120
Virgin Records 172
Vrontikis Design 103

Women'secret, look book 16

YMC, convite para inauguração 84

Zanders FinePapers, folder da 42
Zuan Club 86, 141, 146, 160
Zueff, Andrei 180